KB275045

경매 강사가
숨어서 읽는 이론서

경매 강사가 숨어서 읽는 이론서

김진(내일로의 시작) 지음

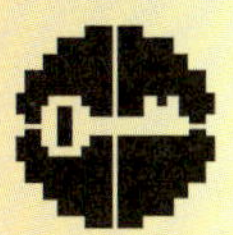

두드림미디어

사회에 첫발을 내딛으면서, 월급만으로는 도저히 부자가 될 수 없다는 사실을 뼈저리게 느꼈다. 어릴 적 주변에서 "부동산을 매입해놓으면 부자가 된다"라는 말을 자주 들었다. 그래서 자연스럽게 재테크는 부동산으로 해야 한다고 생각하게 되었다. 처음에는 집 근처의 미분양 아파트를 매입했는데, 그 투자는 성공적이었다. 그러면서 점점 수익이 날 것 같은 매물에 접근하기 시작했다. 그러나 공부도 하지 않고 부동산을 매입하다 보니 결과가 좋지 않았다.

누군가가 "햇볕이 내리쬐는 동안에는 뒤돌아보지 않는다. 비바람이 앞에서 불면 그제야 뒤를 돌아본다"라고 말했다. 부동산 투자도 마찬가지다. 처음 수익이 발생할 때는 내가 잘나서 그런 줄 안다. 그에 대한 역풍이 불어야 공부를 시작한다.

그 시절, 시중에는 부동산 관련 책이 많이 없었다. 그런데 우연히 집어 든 책이 경매 이론 책이었다. 읽어보는데도 도대체 무슨 말인지 알 수가 없었다. 이해가 되지 않아도 그냥 무작정 읽었다. 단어를 모르면 인터넷에 검색하면서 조금씩 알아갔다. 나중에는 관련 판례도 찾아가며 읽었다. 당장 이해하지 못해도 그렇게 공부해나갔다.

경매를 공부하면서 실전에 적용하기로 마음먹고 가장 저렴한 빌라를 매입했다. 이론대로 시세보다 저렴하게 매입할 수 있었고, 시세대로 매각하자 수익이 발생했다. 당시에는 정말 놀라운 세계였다. "정말 이런 게 가능하다고?" 하는 감탄이 절로 나왔다.

빌라도 된다면 아파트는? 상가는? 토지는? '부동산'이라고 불리는 종목이라면 가리지 않고 매수와 매도를 진행했다. 어떤 것은 금방 매각되었지만, 또 어떤 것은 4년 동안 민사소송을 거쳐서야 겨우 가져올 수 있었다. 그렇게 부동산 입지 분석, 권리 분석, 임차인 분석, 시세 형성, 소송 등 많은 것을 공부하게 되었다. 결국 지금은 회사를 다니지 않아도 경제적으로 자립할 수 있는 상황에 도달하게 되었다.

경매 투자를 이어가다 보니 자연스레 포항에서 부동산 경매 학원을 운영하게 되었다. 하지만 포항에서 한계를 느끼고, 2023년 7월에는 서울에서 강의를 진행했다. 서울도 포항과 마찬가지로 처음에는 수강생이 3명뿐이었다. 중도에 10명까지 늘어났으나, 하락장 탓인지 다시 수강생이 줄어들기 시작했다. 그즈음, 부업 강의와 마케팅으로 유명한 친구를 만나게 되었고, 그 친구는 내 강의가 마음에 들었는지 열심히 홍보해주었다. 덕분에 서울 머니에듀가 조금 더 성장할 수 있었다. 그러나 동업했던 친구와 사업 방향이 달라져 더 이상 함께할 수 없었고, 이후 서울 머니에듀는 나 혼자 운영하게 되었다.

이 책을 집필하면서 몇몇 인연들이 정리되었고, 새로운 인연들이 생겼다. 현재 함께 힘을 모으고 있는 행정법인 식구들에게 항상 고마움을 느낀다. 오랜 시간 나의 참모 역할을 해준 김기정, 공사 현장을 책임지고 마무리하는 배한, 오랜 친구이자 이 책의 삽화를 맡아주고 공사 인허가를 담당한 김재환에게도 무한한 감사를 전한다. 또한 오랜 친구이자 힘들 때 위로를 건네준 ㈜우정개발의 조용범에게도 감사의 마음을 보낸다. 서울 머니에듀를 함께 이끌어주고 있는 새로운 친구들과 회원들에게도 늘 고마움을 느낀다.

끝으로, 나를 낳아주고 길러주신 자랑스러운 어머니, 아직도 아이 같은 내 동생 김재랑, 세상 어떤 것과도 바꿀 수 없는 보석 같은 나의 아들 김준, 그리고 딸 김린. 항상 사랑하고 감사한다.

김진

경매 강사가
숨어서 읽는 이론서

Chapter 1

부동산 경매와 경매 절차

1. 부동산 경매란?

채권자가 채무자에게 돈을 돌려받기 위한 행위의 과정 중에 나오는 것이 부동산 경매입니다. 채무자의 부동산 자산에 근저당, 가압류, 가등기, 가처분 등을 설정하고 국가기관인 법원을 통해 해당 법원 집행관이 집행 행위 및 집행 절차의 이행을 실시합니다. 경매를 통해 채무자의 부동산 자산을 현금화해서 이를 채권자들에게 배분해주는 행위입니다.

부동산 경매는 크게 강제경매와 임의경매의 두 가지 종류로 나뉘는데, 채무자가 채권자에게 돈을 갚지 않아 경매가 발생하는 것은 같습니다. 하지만 채권 발생 상황이 다르기에 법원에서 구분하는 명칭이 다릅니다.

1) 부동산 강제경매

채권자가 채무자를 상대로 법원 판결문을 받아 채무자의 부동산 자산을 압류하고 매각해 그 매각대금으로 빚을 받아내는 절차입니다.

예시 내일로가 지인 오늘로에게 2025년 1월 1일까지 5,000만 원을 갚는다고 하고 돈을 빌렸습니다. 하지만 기일이 지나도 내일로가 돈을 갚지 않았습니다. 내일로에게 화가 난 오늘로는 대한민국 법원 지급명령신청제도를 이용해 판결문을 받습니다. 이 판결문을 가지고 내일로의 부동산 자산을 압류합니다. 이후에 오늘로는 대한민국 법원을 통해 부동산 경매를 신청합니다. 이때 부동산이 경매에 나오면 부동산 강제경매입니다.

출처 : 저자 제공

2) 부동산 임의경매

채무자가 가진 부동산을 바탕으로 채무자와 채권자가 합의해 등기부등본에 담보를 명시해두며 채무자가 채무를 갚지 않는 경우, 이 담보권을 바탕으로 매각해 그 매각대금으로 빚을 받아내는 절차입니다.

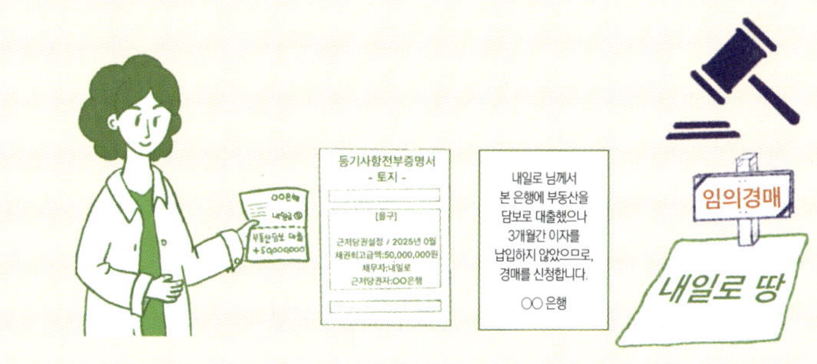

출처 : 저자 제공

　부동산 임의경매는 실질적 경매, 형식적 경매의 두 가지 종류로 나뉩니다.

　실질적 경매란, 소멸주의가 원칙입니다. 말소기준 권리보다 앞선 권리들은 낙찰자가 인수하지만, 이후의 권리들은 소멸이 원칙입니다. 채권자가 돈을 변제받기 위해 진행되는 경매라고 보면 됩니다.

　형식적 경매란, 인수주의가 원칙입니다. 실질적 경매처럼 말소기준 권리 뒤 소멸이 안 되는 부분이 있고 낙찰자가 인수해야 하는 권리가 존재합니다. 공유물분할소송에 의한 경매, 유치권자의 경매 등이 있습니다. 공유물분할은 한 부동산에 여러 소유자가 존재하므로 소유자들끼리 합의가 이루어지지 않아 경매에 나오게 됩니다. 유치권자에 의한 경매는 특정 부동산 물건으로 인해 발생된 채권이 있으면, 채권자는 채권회수를 할 때까지 특정 물건을 점유함으로써 자기 채권을 보존하다가 경매에 나오게 됩니다.

3. 경매 절차

경매 신청

돈을 돌려받을 채권자가 부동산이 있는 곳의 법원에 채무자의 부동산을 매각해 채권을 회수해달라고 하는 신청입니다.

경매개시결정

법원은 경매 신청이 적법하다고 인정해 경매 절차의 개시를 선고하는 법원의 결정입니다. 법원이 경매개시결정과 동시에 저당 부동산의 압류를 명하고 관할 등기소에 경매 등기를 촉탁해 등기부에 표시합니다.

배당요구 공고 및 결정

법원은 경매개시결정을 내린 후에 배당요구 종기일을 정하고, 경매를 신청한 채권자뿐만 아니라 다른 채권자들에게 배당을 요구하는 데 필요한 서류들을 제출하라고 통보합니다. 이후 배당을 요구한 채권자 세입자, 근저당권자 등 채권을 받을 배당을 결정합니다.

매각 서류 준비

일반적인 매매와 달리 경매를 통해 소유권을 이전하는 것은 '매각'이라고 합니다. 법원이 경매 부동산을 매각하려면 그 부동산에 대한 조사를 실시합니다. 법원은 경매개시가 결정되면 감정평가법인에게 감정평가서를 작성하게 합니다. 현재 경매에 나오는 부동산 가격이 얼마인지 객관적인 지표를 조사해 평가하는 것입니다. 그리고 법원 집행관에게 해당 경매 부동산을 조사해 현황 조사서를 작성하게 합니다. 언제, 누가, 얼마에 임차해 있는지, 채무자가 거주하고 있는지 등 현황을 조사해 작성합니다. 이후 법원은 관련 경매 부동산에 관한 일반, 특수 사항을 기재한 매각 물건 명세서도 작성합니다.

매각일 공고

법원은 매각 준비가 끝나면 이제 입찰일인 매각기일과 매각결정기일을 공고합니다. 처음 경매가 접수된 때부터 통상적으로 9~10개월 정도 소요됩니다. 어떨 때는 1년 이상도 걸립니다. 입찰일이 확정된 후에 드디어 경매 부동산이 대한민국 법원 법원경매정보에 올라옵니다. 그제야 법원이 경매를 준비하며 작성한 감정평가서, 현황 조사서를 볼 수 있습니다. 현재 지방법원은 입찰일인 매각기일의 14일 전에 경매 공고를 합니다.

현장답사

법원이 작성한 감정평가서, 현황 조사서, 매각 물건 명세서가 공개되면 현장답사 전 관련 서류들을 확인 후 현장에 나갑니다. 현장을 방문해 경매에 나온 부동산 시세를 확인합니다. 그리고 법원에서 작성한 서류와 비교하면서 경매에 나온 부동산 장단점을 구분해 입찰에 참여할지의 여부를 결정해 입찰가를 결정합니다. 서류에서 확인했을 때 가치가 별로인 부동산이 의외로 현장에 가면 숨은 보석 같은 부동산일 때가 많습니다.

낙찰

경매에 나온 물건을 해당 관할 법원에 가서 낙찰받습니다. 낙찰받기 위해서는 낙찰받을 입찰자를 정하고 본인이 입찰할 경우 신분증, 막도장, 대리인일 경우 인감증명서, 인감도장을 챙기고 입찰봉투, 입찰보증금을 준비합니다. 매입가격은 비밀리에 작성해 법원에 제출합니다. 이때 가장 높은 가격을 쓴 사람에게 낙찰됩니다. 낙찰자가 경매 초보일 때는 2등 가격과 얼마 차이 안 나는 것이 중요해 그 부분을 많이 신경 쓰게 되지만, 어느 정도 숙련되면 단독입찰을 좋아하게 됩니다.

매각허가결정

부동산을 낙찰받은 날로부터 7일 이후에는 매각허가결정이 내려집니다. 법원이 경매 절차가 적법했는지 확인해 최종적으로 매각을 허가하는 것입니다. 이 기일 동안 낙찰자는 한 번 더 낙찰된 부동산을 유심히 봐야 할 필요가 있습니다. 매각허가결정 전에 특별한 하자가 있으면 낙찰 후 매각불허가를 내어 보증금을 돌려받을 수 있습니다. 특별한 하자가 없으면 법원이 매각허가결정을 내립니다.

매각허가확정

매각허가결정일로부터 다시 7일이 지나도록 경매 사건의 이해관계인들로부터 항고가 없으면 드디어 매각허가결정 확정이 납니다. 이해관계인들 중 대부분은 채무자 겸 소유자들이 항고를 내는 경우가 많습니다. 이해관계인이 항고할 시 항고보증금을 내야 해서 항고 후 3주 뒤 항고기각이 많이 발생합니다. 확정이 난 후에는 이해관계인들이 매각 절차에 대한 항고를 제기할 수 없습니다.

소유권이전

낙찰 후 법원이 정한 기일까지 보증금 외의 나머지 낙찰 잔금을 납부해야 합니다. 잔금 납부일까지는 낙찰 후 대략 45일 정도 소요됩니다. 잔금을 납부하고 소유권을 이전하면 드디어 낙찰 부동산은 낙찰자의 소유가 됩니다.

<table>
<tr><td>

소유권이전

</td><td>

하지만 낙찰자가 잔금을 납부하지 않고 경매 부동산의 매수를 포기하는 경우가 있습니다. 최고가 매수인이 되면 이후 그 경매 사건의 사건 기록을 볼 수 있습니다. 이 과정 중에 생각지 못한 하자를 발견하거나 인수해야 될 권리를 파악하지 못하고 낙찰을 받으면 경매 부동산을 포기하는 것입니다. 그러면 입찰보증금을 돌려받지 못합니다. 대부분 소유권이전 시 더 큰 손해를 볼 수 있어 부동산의 잔금을 치르지 않습니다. 이후 법원은 낙찰자가 잔금을 납부하지 않으면 입찰일을 다시 잡아서 재매각을 실시합니다.

</td></tr>
<tr><td>

명도와 강제집행

</td><td>

소유권이전을 하면 법적으로 낙찰자의 부동산이 됩니다. 하지만 마지막 과제가 남아 있습니다. 낙찰받은 부동산을 점유 사용하고 있는 세입자나 전 주인입니다. 이들을 내보내려면 법원 용어로 '명도'라는 것을 진행해야 합니다. 소유자와 점유자 사이에 합의가 잘되면 점유자가 별 탈 없이 빠른 시일 내에 이사를 나갑니다. 하지만 합의가 잘되지 않으면 법원의 도움으로 강제집행을 진행해야 합니다. 경매로 부동산을 낙찰받으면 다들 명도를 어려워하는데, 걱정하지 마세요! 점유자와 합의가 되든, 되지 않든 끝은 언제나 점유자가 경매 부동산에서 나가야 한다는 것입니다.

</td></tr>
</table>

출처 : 저자 제공

경매에 나오는 부동산은 우리가 흔히 말하는 부동산 중개 거래를 하는 부동산 공인중개사사무소에서는 찾을 수 없습니다. 경매를 통해 부동산을 매입할 때 매물을 확인하는 곳은 대한민국 법원 법원경매정보 사이트와 대한민국 법원 법원경매정보를 이용한 사설 사이트 두 가지가 있습니다.

1) 대한민국 법원 법원경매정보 사이트

부동산 경매 및 동산 경매의 모든 정보는 대한민국 법원 법원경매정보 사이트에서 나오며, 가장 정확하고 빠르며 공신력을 가지고 있습니다. 회원가입 란이 있지만, 회원가입을 하지 않아도 법원에서 매각되는 모든 경매 부동산, 동산의 목록을 확인할 수 있으며, 감정평가서, 현황 조사서, 매각 물건 명세서를 확인할 수 있습니다. 법원에 조사한 내용은 매각기일 14일 전부터 확인이 가능합니다. 또한 경매 진행 절차에 관한 내용도 실시간으로 업데이트가 되므로 가장 빠르고 정확하게 경매 정보를 볼 수 있습니다. 그리고 경매 절차, 매각 통계, 용어 등의 유용한 정보를 얻을 수 있습니다. 기일입찰표 및 위임장 등 각종 양식을 다운받을 수 있어 입찰 전 미리 출력해 경매장이 아닌 개인 공간에서 작성이 가능합니다.

대한민국 법원 법원경매정보 사이트의 단점은 권리분석을 하기

경매 강사가 숨어서 읽는 이론서 

<h2 style="text-align:center">대한민국 법원 법원경매정보 사이트</h2>

출처 : 대한민국 법원 법원경매정보 사이트

위해 각종 부동산 등기부등본을 보려면 인터넷 등기소에 접속해 하나하나 열람해야 한다는 것입니다. 또한 건축물대장, 토지대장, 지적도 등 하나하나 스스로 찾아서 열람해야 합니다. 이러한 단점들이 존재해 경매 정보를 손쉽게 알아볼 수 있는 사설 사이트가 생겨나기 시작했습니다.

2) 경매 사설 사이트

대한민국 법원 법원경매정보 사이트의 불편한 점을 개선하기 위해 만든 사이트입니다. 경매 사설 사이트이니 아무래도 유료 서비

스입니다. 약간 돈이 들더라도 손품의 시간을 아끼기 위해서는 추천합니다. 하나의 경매 물건을 검색할 때 등기부등본, 건축물대장, 지적도, 토지대장 등 조사할 부분을 한눈에 볼 수 있게 해놓았습니다. 하지만 너무 신뢰하면 안 됩니다. 자동분석 프로그램으로 돌려놓은 부분이 많아 오류도 있습니다. 참고만 하시고 반드시 스스로 권리분석과 현장답사를 해야 합니다. 많이 알려진 사설 사이트로는 지지옥션, 굿옥션, 스피드옥션, 부동산 테인, 탱크옥션 등이 있습니다. 한 달 무료 회원권을 주는 데가 많으니 한 번씩 사용해보고 자신에게 맞는 사설 사이트에 가입하셔서 사용하면 됩니다.

탱크옥션

출처 : 탱크옥션

경매 강사가 숨어서 읽는 이론서

Chapter 2

매각 서류 확인

1. 감정평가서

　매각 서류는 경매 입찰 전 꼭 검토해야 할 서류로, 몇 번을 강조해도 이상하지 않습니다. 첫 번째는 감정평가서입니다. 감정평가서는 매각기일 14일 전에 입찰자들이 볼 수 있게 법원에서 공개합니다. 법원은 경매개시결정을 내리면 먼저 감정평가법인에 감정평가를 의뢰합니다. 법원에서 경매로 매각하는 부동산의 가치를 알아야 매각 시 채무자 및 소유자, 채권자들의 불만이 없습니다. 그래서 공신력이 있는 감정평가법인이 시세와 위치 등을 꼼꼼히 조사해 감정가를 법원에 제시합니다.

　대부분의 경우, 1회 차 매각기일의 최저매각가격이 감정가격과 같습니다. 하지만 최저매각가격과 감정가격이 동일하지 않은 것 중에서 경매 물건이 대지로 나왔는데, 그 위에 건축물이 존재함으로써 대지를 낙찰받아 소유권을 가져간다고 해도 소유자의 뜻대로 대지 활용이 되지 않는 부동산이 있습니다. 이럴 때는 감정평가액보다 최저매각가격이 낮게 경매로 진행됩니다.

감정평가서는 여러 항목으로 구성되어 있습니다. 각 항목에는 유용한 정보가 많기 때문에 정말 꼼꼼히 살펴봐야 합니다. 감정평가서에는 ① 감정평가표, ② 평가 의견, ③ 감정평가 명세표, ④ 감정평가 요항표, ⑤ 위치도, ⑥ 지적도, ⑦ 내부 구조도, ⑧ 물건 사진 등이 기재되어 있습니다. 특히 몇 가지 항목을 유심히 살펴봐야 합니다. 평가 의견은 감정평가법인이 어떤 기준으로 물건의 가치를 산정했는지 알 수 있게 해줍니다.

감정평가 요항표는 사용 현황, 시장 가치를 판단할 수 있는 정보를 제공합니다. 또 위치도와 지적도 등이 자세하게 표시되어 있습니다. 현장답사를 할 때도 많이 사용하지만, 필자는 부동산 관련 소송을 할 때 참고 자료로 많이 사용합니다. 물건 사진들도 많은 참고가 가능합니다. 감정평가 시의 현황 사진이기 때문에 부동산 경매 입찰 전에 많은 참고 자료가 되니 현장답사 시 꼭 숙지하고 가는 것이 좋습니다.

감정평가서는 부동산 경매 시 매입에 관한 가치판단의 기준이 되기에 현장답사 시 꼭 지참하시기 바랍니다. 감정평가서를 제대로 볼 수 있어야 부동산 경매에서 수익을 낼 수 있습니다.

감정평가서 목록

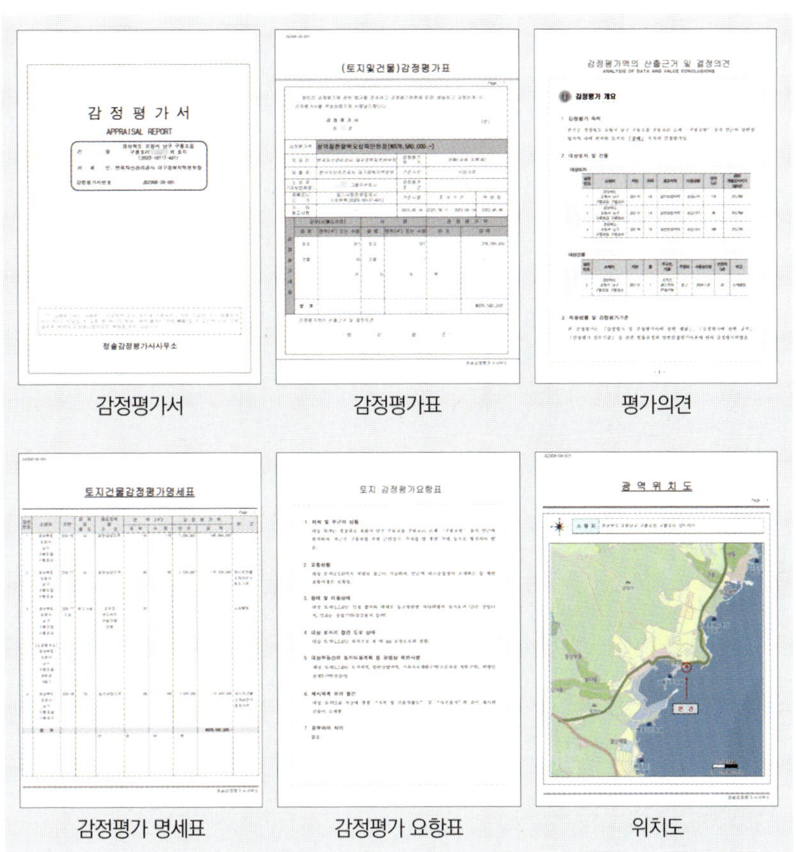

감정평가서	감정평가표	평가의견
감정평가 명세표	감정평가 요항표	위치도

출처 : 대한민국 법원 법원경매정보 사이트

| 지적도 | 내부구조도 | 물건사진 |

출처 : 대한민국 법원 법원경매정보 사이트

감정평가서에 나와 있는 감정평가액을 믿으면 안 됩니다. 아파트의 경우에는 자주 거래 됨으로써 유사사례 시세 분석으로 감정평가를 하는 경우가 많습니다. 자주 거래되면 감 정평가금액과 현 시세와 맞을 수도 있습니다. 하지만 토지, 빌라, 단독주택, 공장, 임야 등 거래가 잘되지 않는 부동산의 가치는 파악하기가 쉽지 않습니다. 그리고 아파트의 경우 에도 부동산 경매가 몇 개월 뒤에 진행되기 때문에 경매 진행 시 현 시세와 다를 때가 많 습니다. 초보자의 경우에는 감정가를 절대적인 기준으로 볼 때가 많은데, 감정평가는 조 사 부분을 참고하는 것이지, 감정가액을 믿으면 안 됩니다. 그러니 현장에 나가 직접조 사를 하고 주변 실거래가액을 참고해 입찰하시기를 바랍니다.

경매 강사가 숨어서 읽는 이론서

2. 현황 조사서

매각확인 서류 중 두 번째는 현황 조사서입니다. 현황 조사서는 매각기일 14일 전에 입찰자들이 볼 수 있게 법원에서 공개합니다. 법원이 집행관에게 경매 부동산의 현재 상태를 알아보게 해서 작성하는 서류입니다. 현황 조사서는 부동산이 경매로 매각이 진행될 때 작성됩니다. 세금 체납으로 공매로 나오는 부동산은 현황 조사서가 없습니다.

현황 조사서

번호	소재지	임대차관계
1	울산광역시 울주군 삼남읍 중남로 ▨	1명

소재지	1. 울산광역시 울주군 삼남읍 중남로 ▨
점유관계	임차인(별지)점유
기타	본건 부동산은 폐문부재로 점유자 조사불가하여 행정복지센터의 전입자 주민등록열람한 바, 세대주 이▨삼(전입:2016.10.06)이 전입됨.(전입세대열람 내역 및 주민등록등본 첨부함)

	점유인	이▨삼	당사자구분	임차인
1	점유부분		용도	주거
	점유기간	2016.10.01~2018.10.01(계속점유중)		
	보증(전세)금	30,000,000	차임	
	전입일자	2016.10.06	확정일자	2016.10.06

출처 : 대한민국 법원 법원경매정보 사이트

1) 기본 정보

현황 조사서에 처음으로 나오는 정보가 기본 정보입니다. 경매 사건 번호가 나옵니다. 사건 번호는 경매 사건의 주민등록번호라고 보면 됩니다. 대한민국 법원 법원경매정보 사이트에 사건 번호를 입력하면 부동산 경매 현황 정보를 쉽게 볼 수 있습니다. 그리고 조사일시가 있는데, 집행관이 현황 조사를 실시한 날짜와 시간이 기록되어 있습니다. 집행관이 한 번 방문해 현황 조사를 실시했다고 나옵니다. 현황을 조사해보니 경매 부동산에는 임대차관계자가 1명이 있습니다. 부동산 임대차정보에 기재되어 있네요.

2) 부동산의 현황 및 점유관계 조사서

현황 조사서에 두 번째로 나오는 항목입니다. '경매로 나온 부동산의 점유를 임차인이 하고 있는지?', '채무자 겸 집주인이 하고 있는지?', '다른 제삼자가 현재 점유하고 있는가?' 등이 기입되어 있습니다. 이 부동산은 임차인이 점유하고 있다고 나오고 있네요. 기타 항목에 어떻게 조사했는지 나오고 있습니다. 임차인을 만날 수 없어 관련 행정복지센터의 전입자 주민등록을 열람해 조사되었다고 합니다.

3) 임대차관계 조사서

이 부분이 상당히 중요합니다. 경매 부동산을 취득할 시 권리분석이 꼭 필요한데, 임차인이 언제부터 현 부동산을 점유하고 있었

경매 강사가 숨어서 읽는 이론서

는지 알 수 있습니다. 이 조사서를 보고 임차인의 최초 점유가 말소기준권리보다 위에 있으면 임차인은 낙찰자에게 대항할 수 있는 권리가 생깁니다. 즉, 낙찰자가 임차인의 보증금을 배상해야 할 수도 있습니다. 경매 낙찰 시 조심해야 될 부분입니다.

> **Tip | 현황 조사서를 볼 때 주의사항**
>
> 현황 조사서는 법원 집행관이 작성하는 조사서입니다. 경매가 개시되면 법원에서 집행관에게 현황을 확인하라고 합니다. 집행관은 현장을 방문해 부동산의 현황과 점유관계를 조사합니다. 이때 점유자나 임차인이 법원 집행관에게 거짓으로 이야기할 때가 있습니다. 사실은 자신이 채무자의 가족인데, 임차인이라고 이야기합니다. 조사하는 집행관은 점유자가 이상하게 답하고 있다는 것을 알아도 개인적인 의견을 기재할 수 없습니다. 집행관은 들었던 내용 그대로 기재합니다. 그러면 없었던 선순위 임차인이 발생해 낙찰자와 대항할 수 있는 사람이 생깁니다. 그러니 입찰자는 현황 조사서를 참고만 해야지, 맹신하면 안 됩니다. 경매 입찰자는 입찰 전에 현황 물건지에 가서 부동산 점유관계를 철저히 조사해야 합니다.

3. 매각 물건 명세서

매각확인 서류 중 세 번째는 매각 물건 명세서입니다. 매각 물건 명세서는 매각기일 7일 전에 입찰자들이 볼 수 있게 법원에서 공개합니다. 인터넷이 발달하기 전에는 법원에 직접 가서 열람했지만, 인터넷의 발달로 집에서도 쉽게 볼 수 있게 되었습니다. 대한민국 법원 법원경매정보 사이트에서 확인할 수 있습니다.

매각 물건 명세서에는 부동산 현황뿐만 아니라 매각 후 인수되어야 하는 권리가 기재되어 있습니다. 이 서류에 기재되어 있지 않은데 낙찰 후 현장에 가보니 인수되는 권리가 있으면 이의신청이 가능합니다. 입찰 시 반드시 매각 물건 명세서를 확인해야 합니다.

매각 물건 명세서

울 산 지 방 법 원

2023타경102▊

매각물건명세서

사 건	2023타경102▊ 부동산임의경매		매각 물건번호	1	작성 일자	2023.12.08	담임법관 (사법보좌관)	이▊민	
부동산 및 감정평가액 최저매각가격의 표시	별지기재와 같음		최선순위 설정			2017.10.31.근저당권	배당요구종기	2023.05.15	

부동산의 점유자와 점유의 권원, 점유할 수 있는 기간, 차임 또는 보증금에 관한 관계인의 진술 및 임차인이 있는 경우 배당요구 여부와 그 일자, 전입신고일자 또는 사업자등록신청일자와 확정일자의 유무와 그 일자

점유자 성 명	점유 부분	정보출처 구 분	점유의 권 원	임대차기간 (점유기간)	보 증 금	차 임	전입신고 일자·외국인 등록(체류지 변경신고)일 자·사업자등 록신청일자	확정일자	배당 요구여부 (배당요구일자)
오▊수		현황조사	조사된 내용없음 임차인					2008.10.27.	

〈비고〉

오▊수:채무자겸소유자의 부친임. 권리신고 없어 임대차관계 불분명.

※ 최선순위 설정일자보다 대항요건을 먼저 갖춘 주택·상가건물 임차인의 임차보증금은 매수인에게 인수되는 경우가 발생 할 수 있고, 대항력과 우선변제권이 있는 주택·상가건물 임차인이 배당요구를 하였으나 보증금 전액에 관하여 배당을 받지 아니한 경우에는 배당받지 못한 잔액이 매수인에게 인수되게 됨을 주의하시기 바랍니다.

등기된 부동산에 관한 권리 또는 가처분으로 매각 허가에 의해 그 효력이 소멸되지 아니하는 것

매각에 따라 설정된 것으로 보는 지상권의 개요

비고란

주1 : 매각목적물에서 제외되는 미등기건물 등이 있을 경우에는 그 취지를 명확히 기재한다.
　2 : 매각으로 소멸되는 가등기담보권, 가압류, 전세권의 등기일자가 최선순위 저당권등기일자보다 빠른 경우에는 그 등기일자를 기재한다.

출처 : 대한민국 법원 법원경매정보 사이트

경매 강사가 숨어서 읽는 이론서

① **사건** : 현황 조사서에도 나오듯이 경매 사건 번호입니다. 경매에서는 주민등록번호로 사용합니다.

② **매각 물건 번호** : 채무자가 자신 소유의 여러 부동산 담보로 은행에 대출을 받을 때가 있습니다. 채무자가 빚을 갚지 못해 자신 소유의 부동산이 한 번에 경매로 나올 때 사건 번호는 같지만, 물건 번호는 다르게 됩니다.

③ **작성일자** : 법원 집행관이 매각 물건 명세서를 언제 작성했는지 알려줍니다.

④ **담임법관** : 매각 물건 명세서를 작성한 집행관을 알려줍니다.

⑤ **부동산 및 감정평가액 최저매각가격의 표시** : '별지 기재와 같음'이라고 써 있지만, 부동산 표시 목록입니다. 이 내용은 현황 조사서에 나와 있습니다.

⑥ **최선순위 설정** : 예시의 매각 물건 명세서에는 말소기준이 되는 근저당이 표시되어 있네요. 말소기준권리보다 임차인의 전입 신고가 먼저 되어 있으면 낙찰자가 권리를 인수해야 합니다.

⑦ **배당요구 종기** : 해당 부동산에서 돈을 받아가야 될 채권자가 언제까지 법원에 신고를 해야 한다는 기준일입니다. 이날 이후 채권자가 돈을 받겠다고 신고하면 법원에서 돈을 주지 않습니다. 돈을 받을 채권자는 배당요구 종기 일자를 꼭 체크해야 합니다.

⑧ **부동산의 점유자 정보** : 경매에서는 점유자의 정보가 중요합니다. 말소기준권리보다 임차인의 전입일자가 앞서 있으면 점유자의 대항력이 존재하게 되어 낙찰자가 인수할 수도 있습니다.

예시에 나와 있는 매각 물건 명세서에는 말소기준이 되는 근
저당이 2017년 10월 31일로 기재되어 있습니다. 점유자인 오
○○는 2008년 10월 27일부터 현 부동산에 전입하고 있습니
다. 그리고 비고에는 '오○○는 채무자 겸 소유자의 부친임. 권
리신고 없어 임대차관계 불분명'이라고 기재되어 있습니다. 오
○○이 현 부동산의 임차인이면 낙찰자가 오○○의 보증금을
인수하기 때문에 낙찰 시 낙찰금액과 임차인의 보증금을 더해
부동산의 현 시세보다 저렴하게 매입해야 수익이 발생합니다.
하지만 가족관계로 무상임대차할 경우에는 낙찰자가 인수할
금액은 없기 때문에 낙찰금액만 잘 생각해서 입찰하면 됩니다.
현재 상황에서는 점유자가 임차인인지, 무상거주인지를 알 수
가 없으니 입찰 전 입찰자가 사전 조사를 철저히 해야 합니다.

⑨ **등기된 부동산에 관한 권리 또는 가처분으로 매각허가에 의해 그 효력이 소멸되
지 아니하는 것** : 항목 그대로 낙찰 후에도 말소되지 않고 그대로
남아 낙찰자에게 인수되는 권리가 있는지 법원에서 판단해 기
재해놓는 곳입니다. 여기에 기재되어 인수하는 금액이 있으면
입찰자는 그 부분을 참고해서 입찰해야 합니다. 기재되어 있
는 권리면 다행인데, 기재되지 않고 낙찰자가 떠안는 권리도
있습니다. 너무 맹신하지 말고 입찰자가 직접 권리분석을 해
야 합니다.

⑩ **매각에 따라 설정된 것으로 보는 지상권의 개요** : 법정지상권, 분묘기지권
등이 이 부분에 기재됩니다. 법정지상권은 토지와 건물이 함께

경매 강사가 숨어서 읽는 이론서

경매에 나오지 않고 토지만 경매에 나왔을 때 기재됩니다. 초보자는 분석하기가 힘이 듭니다. 법원에서도 바로 분석이 어렵기 때문에 '법정지상권 성립 여지 있음', '법정지상권 성립 여부 불분명함'으로 기재합니다. 경매에 나오는 토지에 묘가 있으면 '분묘기지권 성립 여지 있음'으로 기재합니다.

※ 매각 물건 명세서를 볼 때 주의사항

매각 물건 명세서는 법원에서 작성하니 권리분석을 한눈에 보기에 편안한 문서입니다. 하지만 낙찰자의 인수 관계가 정확하게 나오지는 않습니다. 그러니 입찰할 물건에 직접 가서 물건에 대한 궁금증이 풀릴 때까지 발품을 팔기를 추천합니다. 참고 서류일 뿐이니, 너무 맹신하지 마세요.

Chapter 3

부동산 기초 서류 확인

1. 부동산 등기부등본

부동산 등기부등본은 부동산 관련 서류 가운데 가장 기본이 되는 문서로, 부동산의 권리관계와 현황을 기록한 공식 문서입니다.

대법원 인터넷 등기소 사이트에서 누구나 열람할 수 있으며, 이를 통해 특정 부동산의 지번, 지목, 구조, 면적 등 현황을 바로 확인할 수 있습니다.

또한 등기부등본에는 소유권, 근저당권, 전세권, 압류 등 부동산에 설정된 각종 권리관계가 기재되어 있어 법적 상태를 명확히 파악할 수 있습니다.

등기부등본은 표제부, 갑구, 을구의 세 부분으로 구성되어 있습니다.

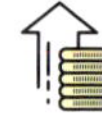

<h2 style="text-align:center;color:#2E9BD6;">토지 등기부등본 표제부</h2>

등기사항전부증명서(말소사항 포함)
- 토지 -

고유번호 1748-1996-

[토지] 경상북도 경산시 옥산동

【 표 제 부 】 (토지의 표시)					
표시번호	접 수	소 재 지 번	지 목	면 적	등기원인 및 기타사항
1 (전 3)	1993년 5월 12일	경상북도 경산시 옥산동	대	194.4㎡	
					부동산등기법 제177조의 6 제1항의 규정에 의하여 2000년 04월 29일 전산이기

출처 : 등기부등본 사이트

토지 등기부등본의 표제부에는 주소, 지목, 면적 등이 나옵니다. 예시에 나와 있는 토지 등기부등본을 보면 소재 지번이 경상북도 경산시 옥산동에 위치하고 있고, 지목이 대지이며, 면적이 $194.4㎡$(약 58.8평)로 표시되어 있습니다. 지목이 대지이니 집이나 건물이 지어져 있다는 것을 알 수 있습니다.

<h2 style="text-align:center;color:#2E9BD6;">건물 등기부등본 표제부</h2>

등기사항전부증명서(말소사항 포함)
- 건물 -

고유번호 1748-2016-

[건물] 경상북도 경산시 옥산동

【 표 제 부 】 (건물의 표시)				
표시번호	접 수	소재지번 및 건물번호	건 물 내 역	등기원인 및 기타사항
1	2016년 12월 29일	경상북도 경산시 옥산동 [도로명주소] 경상북도 경산시 성암로3길	철근콘크리트구조 철근콘크리트지붕 4층 단독주택(단독주택) 및 제1종근린생활시설 1층 46.12㎡ 1층 24.54㎡ 2층 110.762㎡ 3층 110.762㎡ 4층 91.3㎡	

출처 : 등기부등본 사이트

건물 등기부등본의 표제부에는 주소, 면적, 구조 등이 나옵니다. 예시에 나와 있는 건물 등기부등본을 보면, 소재 지번이 경상북도 경산시 옥산동에 위치하고 있고, 건물구조가 철근 콘크리트 구조로 4층까지 지어져 있습니다. 단독주택 및 제1종 근린생활시설이라고 기재되어 있으니 상가주택이라고 생각하면 되겠네요. 1층 $46.12m^2$(약 13.9평)는 근린생활시설이고, 같은 층 $24.54m^2$(약 7.4평)는 계단실 및 승강기실입니다. 2층 $110.762m^2$(약 33.5평), 3층 $110.762m^2$(약 33.5평)는 다가구주택으로 각 층에 미니투룸(거실 1개, 방 1개) 2개 호실이 있고, 원룸이 1개 호실이 존재합니다. 4층 $91.3m^2$(약 27.6평)는 쓰리룸(거실 1개, 부엌 1개, 방 3개)으로 되어 있습니다. 토지, 건물 등기부등본 표제부만 봐도 건물의 모습을 대략적으로 알 수 있습니다.

토지와 건물의 등기부등본 갑구에는 소유권에 관한 사항이 나옵니다. 소유권에 관한 권리가 생기고 이전되고 없어지는 과정이 기록되어 있습니다. 등기부등본에도 '소유권에 관한 사항'이라고 기재되어 있습니다.

건물 등기부등본 갑구

【 갑 구 】	(소유권에 관한 사항)			
순위번호	등기목적	접수	등기원인	권리자 및 기타사항
1	소유권보존	2016년12월29일 제60116호		소유자 박■찬 700815-******* 경상북도 경산시 압량면 고분길 ■호
1-1	1번등기명의인표시 변경	2018년7월26일 제28450호	2018년4월12일 전거	박■찬의 주소 부산광역시 해운대구 세실로 ■ 1103호 (좌동, ■■■빌딩)
1-2	1번등기명의인표시 변경	2021년2월1일 제5137호	2019년12월3일 주소변경	박■찬의 주소 경상북도 경산시 하양읍 대경로105길 ■호
2	가압류	2019년2월25일 제5949호	2019년2월25일 대구지방법원의 가압류 결정(2019카단5 69)	청구금액 금9,466,113 원 채권자 서민금융진흥원 110371-0017635 서울 중구 세종대로 124 (태평로1가) (주식회사 엠에스상호저축은행 동인동지점)
3	2번가압류등기말소	2019년7월12일 제24785호	2019년7월5일 해제	
4	임의경매개시결정	2020년1월17일	2020년1월16일	채권자 진량새마을금고 174844-0001837
6	압류	2021년1월12일 제1215호	2021년1월11일 압류(체납징세 과-티2776)	권리자 국 처분청 해운대세무서장
7	가압류	2021년2월19일 제8585호	2021년2월19일 대구지방법원 경산시법원의 가압류 결정(2021카단2 1)	청구금액 금10,000,000 원 채권자 임■섭 710326-******* 경상북도 경산시 백자로10길 11 , ■동 ■호(사동, ■■■■■■6차)
8	가압류	2021년5월18일 제21489호	2021년5월18일 대구지방법원 김천지원의 가압류 결정(2021카단1 0239)	청구금액 금18,314,620 원 채권자 한국전력공사 114671-0001456 나주시 전력로 55 (빛가람동, 한국전력공사) (구미지사)
9	임의경매개시결정	2021년6월11일 제26046호	2021년6월11일 대구지방법원의 임의경매개시결 정(2021타경107 299)	채권자 진량새마을금고 174844-0001837 경산시 진량읍 공단로 471 (신상리, 진량새마을금고)
10	9번임의경매개시결 정등기말소	2022년3월18일 제8298호	2022년3월15일 취하	
11	압류	2022년5월13일 제14103호	2022년5월10일 압류(상하수도 과-5799)	권리자 경산시
12	임의경매개시결정	2022년6월22일 제18193호	2022년6월22일 대구지방법원의 임의경매개시결 정(2022타경110	채권자 진량새마을금고 174844-0001837 경산시 진량읍 공단로 471 (신상리, 진량새마을금고)

출처 : 등기부등본 사이트

건물을 신축하면 등기 목적에 첫 번째 순위로 소유권 보존이라고 올라갑니다. 예를 들어, 해당 건물은 2016년 12월 29일에 접수가 되었네요. 이후 압류, 가압류 등 소유권이 변동될 수 있는 권리들이 갑구에 표시되다가 순위번호 12번에 근저당채권이 설정되었고, 그 결과 임의경매개시결정이 내려져 경매가 진행된 사실을 확인할 수 있습니다. 소유권과 관련된 권리는 소유권이전 외에도 압류, 가압류, 가처분 등 다양합니다.

토지와 건물의 등기부등본 을구에는 소유권 이외의 권리에 관한 사항이 나옵니다. 근저당권이나 전세권 등 소유권 변동과는 직접적 관련이 없는 권리들이 여기에 기록되며, 등기부등본에도 '소유권 이외의 권리에 관한 사항'이라고 표시됩니다.

건물 등기부등본 을구

【 을　　　구 】			(소유권 이외의 권리에 관한 사항)	
순위번호	등 기 목 적	접 수	등 기 원 인	권리자 및 기타사항
1	근저당권설정	2016년12월29일 제60117호	2016년12월28일 추가설정계약	채권최고액　금150,000,000원 채무자　박　　찬 　　경상북도 경산시 압량면 고분길 　·　호 근저당권자　이　　옥　690809-******* 　　서울특별시 관악구 호암로 399,　동 　　아파트) 공동담보　토지 경상북도 경산시 옥산동 　　의 담보물에 추가
2	근저당권설정	2016년12월29일 제60118호	2016년12월28일 추가설정계약	채권최고액　금150,000,000원 채무자　박　　찬 　　경상북도 경산시 압량면 고분길 36,　호 근저당권자　이　　옥　690809-******* 　　서울특별시 관악구 호암로 399,　동 　　602호(신림동,삼성산주공아파트) 공동담보　토지 경상북도 경산시 옥산동 　　843-8의 담보물에 추가

경매 강사가 숨어서 읽는 이론서

3	근저당권설정	2016년12월29일 제60119호	2016년12월28일 추가설정계약	채권최고액 금135,000,000원 채무자 박■찬 　　경상북도 경산시 압량면 고분길 ■-■호 근저당권자 이■옥 590809-******* 　　서울특별시 관악구 호암로 399, ■동 　　■■■■호(■■■아파트) 공동담보 토지 경상북도 경산시 옥산동 　　■■의 담보물에 추가
4	근저당권설정	2017년1월10일 제1392호	2017년1월10일 설정계약	채권최고액 금585,000,000원 채무자 박■찬 　　경상북도 경산시 압량면 고분길 ■ ■호 근저당권자 ■■새마을금고 174844-■■■ 　　경상북도 경산시 진량읍 공단로 ■ 공동담보 토지 경상북도 경산시 옥산동 ■■
5	1번근저당권설정, 2번근저당권설정, 3번근저당권설정 등기말소	2017년1월10일 제1393호	2017년1월10일 해지	
6	전세권설정	2017년2월8일 제5606호	2017년2월4일 설정계약	전세금 금55,000,000원 범 위 주거용.건물2층 110.762㎡중 남동쪽 　　일부33㎡(202호) 존속기간 2017년 2월 28일부터 2019년 2월 　　27일까지 전세권자 팍■은 730130-******* 　　경상북도 경산시 경산로40길 ■, 　　■■호(옥산동) 도면 제2017-50호 공동전세 토지 경상북도 경산시 옥산동 ■■■
7	근저당권설정	2017년4월12일 제14930호	2017년4월12일 설정계약	채권최고액 금150,000,000원 채무자 박■찬 　　경상북도 경산시 압량면 고분길 ■■■ 근저당권자 　　권■은 880106-******* 　　부산광역시 해운대구 마린시티2로 　　33■■■호(우동,해운대두산위브더제니 　　스) 　　민■가 540228-******* 　　부산광역시 해운대구 선수촌로 　　122,■동■호(반여동,아시아선수촌아파 　　트) 공동담보 토지 경상북도 경산시 옥산동 ■■ 　　토지 경상북도 경산시 옥산동 ■■
8	7번근저당권설정등 기말소	2018년4월24일 제15640호	2018년4월24일 해지	
9	근저당권설정	2018년7월26일 제28451호	2018년7월26일 설정계약	채권최고액 금400,000,000원 채무자 박■찬

출처 : 등기부등본 사이트

　　예시에 나와 있는 건물 등기부등본 을구를 보면, 처음 은행이 아
닌 개인에게 금원 150,000,000원을 빌려 근저당을 잡았습니다. 이

후 몇 차례 돈을 빌렸다가 진량새마을금고에 돈을 빌리면서 개인 채무를 변제했습니다. 등기부등본에 돈이 변제되었다고 순위번호 1~3번까지 선이 그어져 있습니다.

등기부등본은 표제부만 봐도 토지, 건물의 크기와 생김새 등을 유추할 수 있습니다. 표제부에 면적이 다 나와 있으며, 건물 내역에는 건물 구조가 나옵니다. 갑구와 을구는 순위번호가 중요합니다. 등기부등본에는 많은 권리들이 표시되어 있지만, 최우선변제금처럼 특별한 사정이 없는 한 선순위 권리가 먼저 보장됩니다. 부동산이 경매로 매각되면 배당받는 순서라고 생각하면 됩니다. 갑구와 을구는 구가 다르지만 접수일자를 잘 체크해서 일자별로 나열하면 배당순위가 나옵니다.

2. 건축물대장

건축물대장으로 건물의 내역을 정확하게 알 수 있습니다. 부동산 등기부등본에도 건물의 내역이 나오기 때문에 부동산 매입 시 건축물대장을 확인하지 않고 매입할 때가 많습니다. 하지만 이는 좋은 습관이 아닙니다.

건축물대장과 등기부등본의 내용이 다른 경우가 있습니다. 건축물대장은 행정부 소관이라 건축 인허가를 받을 때 건물의 면적, 구조 등을 정확하게 기재해야 합니다. 등기부등본은 법무부 소관이며, 소유권과 권리관계를 정확하게 기재해야 합니다. 결론은 건물의 내역을 정확하게 파악하기 위해서는 건축물대장을 발급받아서 확인해야 합니다.

불법건축물일 경우 건축물대장에 표시됩니다. 현황상 불법 증축이 되어 있으면 소유주가 철거를 해야 하며, 철거하지 않을 경우에는 '이행강제금'이라는 벌칙적 과태료가 부과됩니다. 이행강제금은 철거가 완료될 때까지 매년 반복적으로 부과되므로, 건축물대장과 일치하도록 원상 복구하는 것이 필수입니다.

건축물대장은 시청, 구청, 행정복지센터에서 발급받을 수 있고, '민원24' 사이트를 통해 간편하게 발급받을 수도 있습니다. 따라서 부동산을 매입할 때는 반드시 건축물대장을 확인하는 것이 필요합니다.

1) 건축물대장의 갑구

건축물대장의 갑구에는 그 건물의 특징이 모두 나와 있습니다. 건축물의 고유번호, 호수·가구수·세대수, 주소, 지번, 면적 등 등기부등본에는 안 나오는 건물의 중요한 사항이 모두 기재됩니다. 건축물대장을 확인할 때는 건물의 주 용도 부분을 체크해야 합니다.

건축물의 주 용도에 '단독주택 및 제1종 근린생활시설'이 적혀 있습니다. 근린생활시설은 편의점, 음식점, 세탁소, 미용실 등 장사를 하는 곳입니다. 근린생활시설은 주택으로 사용이 불가능합니다. 단독주택이라고 나와 있는 부분은 주택으로 사용할 수 있습니다. 건축물 현황을 보면, 1층은 소매점, 다가구계단실 및 승강기, 2층은 다가구주택(3가구), 3층도 다가구주택(3가구)으로 사용하고 있습니다. 1층만 근린생활시설이고, 나머지 층은 주택으로 사용할 수 있다고 나옵니다. 그 외의 용도로는 사용하면 안 됩니다.

건축물대장의 2페이지에는 건축주, 설계자, 공사감리자 등 건물을 지을 때의 이해관계인이 정확하게 기재되어 있습니다. 해당 건축물의 허가일은 2014년 12월 3일이며, 착공일은 2015년 1월 5일, 사용승인일은 2016년 12월 19일이라고 기재되어 있습니다. 또한, 가장 아래에 있는 변동일·변동 내용·변동 원인은 반드시 확인해야 합니다. 불법 증축이나 용도 변경 등이 이루어졌다면 이곳에 기재되기 때문입니다.

따라서 경매에 입찰하기 전에 해당 건축물이 불법건축물인지의 여부를 반드시 파악해야 하며, 이를 위해 건축물대장을 꼼꼼히 확인해야 합니다.

건축물대장의 갑구

일반건축물대장(갑)

(2쪽 중 제1쪽)

고유번호	4729010900-1			명칭		호수/가구수/세대수 0호/7가구/0세대
대지위치	경상북도 경산시 옥산동	지번		도로명주소	경상북도 경산시 성암로3길 (옥산동)	
※대지면적 194.4 ㎡	연면적 383.484 ㎡	※지역 제1종일반주거지역		※지구		※구역 제1종지구단위계획구역
건축면적 116.27 ㎡	용적률 산정용 연면적 383.484 ㎡	주구조 철근콘크리트구조		주용도 단독주택(단독주택) 및 제1종근린생활시설		층수 지하: 층, 지상: 4층
※건폐율 59.81 %	※용적률 197.27 %	높이 11.7 m		지붕 철근콘크리트		부속건축물 동 ㎡
※조경면적 ㎡	※공개 공지·공간 면적 ㎡	※건축선 후퇴면적 ㎡		※건축선후퇴 거리		m

		건축물 현황			소유자 현황			
구분	층별	구조	용도	면적(㎡)	성명(명칭) 주민(법인)등록번호 (부동산등기용등록번호)	주소	소유권 지분	변동일 변동원인
주1	1층	철근콘크리트구조	소매점	46.12	박ㅁㅁ찬	경상북도 경산시 하양읍 대경로105길 호	1/1	2021.2.1.
주1	1층	철근콘크리트구조	다가구계단실 및 승강기	24.54	700815-1******			등기명의인표시변경
주1	2층	철근콘크리트구조	다가구주택(3가구)	110.762		- 이하여백 -		
주1	3층	철근콘크리트구조	다가구주택(3가구)	110.762		※ 이 건축물대장은 현소유자만 표시한 것입니다.		

이 등(초)본은 건축물대장의 원본내용과 틀림없음을 증명합니다.

경 산 시 장

발급일: 2023년 3월 23일
담당자:
전 화:

※ 표시 항목은 총괄표제부가 있는 경우에는 적지 않을 수 있습니다.

출처 : 민원24

경매 강사가 숨어서 읽는 이론서

건축물대장의 갑구

■ 건축물대장의 기재 및 관리 등에 관한 규칙 [별지 제1호서식] (2쪽 중 제2쪽)

| 고유번호 | 4729010900-1████ | | | 명칭 | | 호수/가구수/세대수 | 0호/7가구/0세대 |
| 대지위치 | 경상북도 경산시 옥산동 | 지번 | ████ | 도로명주소 | | 경상북도 경산시 성암로3길 ███ (옥산동) | |

구분	성명 또는 명칭	면허(등록)번호	※주차장				승강기		허가일	2014.12.3.
건축주	박█찬	19700815******					승용 1대 / 비상용 대		착공일	2015.1.5.
설계자	███건축사사무소	대구광역시·건축사사무소-███	구분	옥내	옥외	인근 / 면제	※ 하수처리시설		사용승인일	2016.12.19.
공사감리자	예공종합건축사사무소	경산시-건축사사무소-███	자주식	2대 ㎡	3대 ㎡	대 ㎡	형식 하수종말처리장연결		관련 주소	
공사시공자 (현장관리인)			기계식	대 ㎡	대 ㎡	대 ㎡ / 대	용량		지번	

※제로에너지건축물 인증	※건축물 에너지효율등급 인증	※에너지성능지표(EPI)점수	※녹색건축 인증	※지능형건축물 인증	
등급	등급	점	등급	등급	
에너지자립률 0 %	1차에너지 소요량 (또는 에너지절감률) 0 kWh/㎡(%)	※에너지소비총량 0 kWh/㎡	인증점수 점	인증점수 점	
유효기간: . . . ~ . . .	유효기간: . . . ~ . . .		유효기간: . . . ~ . . .	유효기간: . . . ~ . . .	도로명

| 내진설계 적용 여부 적용 | 내진능력 | 특수구조 건축물 | 특수구조 건축물 유형 | |
| 지하수위 G.L m | 기초형식 지내력기초 | 설계지내력(지내력기초인 경우) 20 t/㎡ | 구조설계 해석법 | |

변동사항

변동일	변동내용 및 원인	변동일	변동내용 및 원인	그 밖의 기재사항
2016.12.19. 2019.5.28.	신규작성(신축) 국토교통부 건축정책과-281 (2018.1.11.)호에 의거 건축물대장 내진설계 여부 기재 - 이하여백 -			옥산1지구 택지개발사업지구 지정용도 이외 불허 - 이하여백 -

※ 표시 항목은 총괄표제부가 있는 경우에는 적지 않을 수 있습니다.

출처 : 민원24

2) 건축물대장의 을구

예전에는 건축물대장 을구에서 불법건축물 여부와 그 사유를 확인할 수 있었습니다. 그러나 현재는 갑구에서 불법 여부를 확인할 수 있으며, 을구에서는 건축물 현황이 표시됩니다.

을구에서는 건물의 고유번호, 호수, 가구 수, 세대 수, 건물의 위치, 구조, 용도, 면적 등을 확인할 수 있습니다.

건축물대장의 을구

■ 건축물대장의 기재 및 관리 등에 관한 규칙 [별지 제2호서식]〈개정 2017. 1. 20.〉

일반건축물대장(을) 건축물현황

(1쪽 중 제1쪽)

고유번호	4729010900-1-		명칭		호수/가구수/세대수 0호/7가구/0세대
대지위치	경상북도 경산시 옥산동	지번	도로명주소		경상북도 경산시 성암로3길 (옥산동)

건축물현황					건축물현황				
구분	층별	구조	용도	면적(㎡)	구분	층별	구조	용도	면적(㎡)
주1	4층	철근콘크리트구조	다가구주택(1가구)	91.3					
		- 이하여백 -							

297mm×210mm[백상지 80g/㎡]

출처 : 민원24

※ 건축물대장을 볼 때 꼭 알아야 할 건폐율과 용적률

'국토의 계획 및 이용에 관한 법률'에 용도지역별로 건폐율과 용적률의 상한선이 정해져 있습니다. 용도지역은 크게 도시지역, 관리지역, 농림지역, 자연환경보전지역 등 네 가지로 구분됩니다. 도시지역은 주거지역, 상업지역, 공업지역, 녹지지역으로 세분되고, 관리지역은 보전관리지역, 생산관리지역, 계획관리지역으로 세분됩니다. 세분된 용도지역별로 건폐율, 용적률을 알아야 합니다.

먼저 건폐율은 대지면적에 대한 건축면적의 비율입니다. 예를 들어, 용도지역이 제1종 전용주거지역이면 건폐율은 50% 이하입니다. 이런 토지를 100평 소유하고 있으면 건물의 넓이를 50평 이하

경매 강사가 숨어서 읽는 이론서 

로밖에 지을 수가 없습니다. 용도지역이 일반상업지역이면 건폐율은 80% 이하입니다. 토지 100평을 소유할 시 건물의 넓이는 80% 이하로 지어야 합니다.

$$건폐율(\%)=(건축면적/대지면적)×100$$

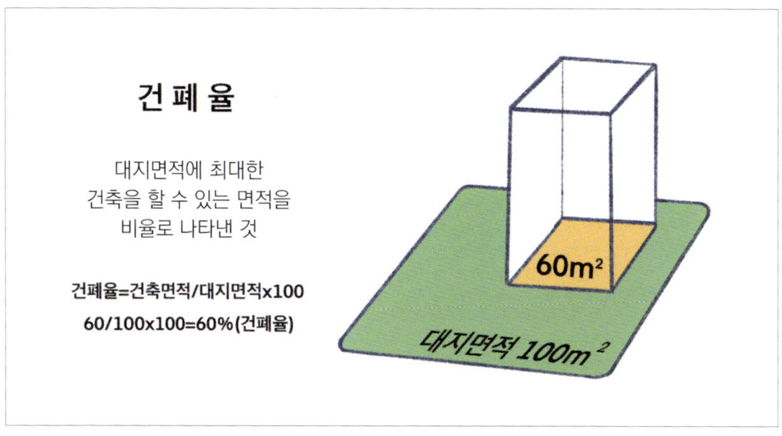

출처 : 저자 제공

용적률은 대지면적에 대한 건물 연면적의 비율을 말합니다. 예를 들어, 용도지역이 제1종 전용주거지역이면 용적률은 100% 이하입니다. 이런 토지를 100평 소유하고 있으면 건물을 1층 50평, 2층 50평으로 건축해 지상층의 면적 합계가 100평 이하여야 합니다. 용도지역이 일반상업지역이면 용적률은 1,300% 이하이니, 건물을 높이 지을 수 있습니다.

$$용적률(\%)=(연면적/대지면적)×100$$

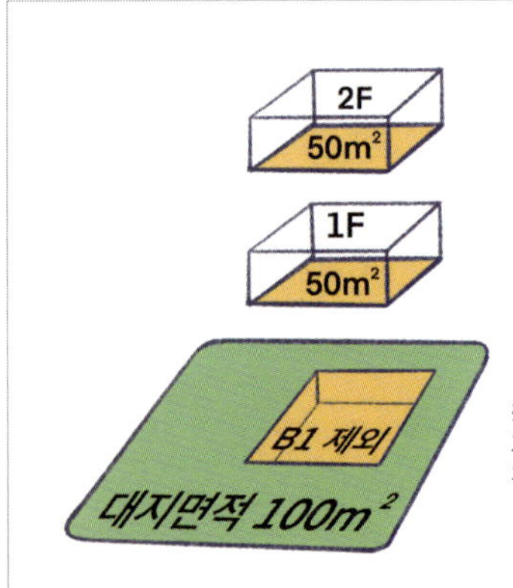

출처 : 저자 제공

용도지역별 건폐율과 용적률

구분	건폐율	용적률
제1종 전용주거지역	50% 이하	100% 이하
제2종 전용주거지역	50% 이하	150% 이하
제1종 일반주거지역	60% 이하	200% 이하
제2종 일반주거지역	60% 이하	250% 이하
제3종 일반주거지역	50% 이하	300% 이하
준주거지역	70% 이하	500% 이하
중심상업지역	90% 이하	1,500% 이하
일반상업지역	80% 이하	1,300% 이하
근린상업지역	70% 이하	900% 이하
유통상업지역	80% 이하	1,100% 이하
전용공업지역	70% 이하	300% 이하
일반공업지역	70% 이하	350% 이하
준공업지역	70% 이하	400% 이하
보전녹지지역	20% 이하	80% 이하
생상녹지지역	20% 이하	100% 이하
자연녹지지역	20% 이하	100% 이하
보존관리지역	20% 이하	80% 이하
생산관리지역	20% 이하	80% 이하
계획관리지역	40% 이하	100% 이하
농림지역	20% 이하	80% 이하
자연환경보전지역	20% 이하	80% 이하

경매 강사가 숨어서 읽는 이론서

3. 토지대장

토지대장에는 토지의 면적, 지목(토지의 종류), 소유자, 개별공시지가 등이 상세히 기재되어 있습니다. 토지등기부에도 토지대장의 항목 중 일부가 기재되지만, 토지대장만큼 자세하지는 않습니다.

건물대장과 마찬가지로 토지대장은 행정기관(지자체)에서 관할하며, 등기부는 법무부에서 관할합니다. 따라서 토지의 지목과 면적 등은 토지대장을 통해 반드시 한 번 더 확인하시기 바랍니다.

토지대장은 민원24 사이트에서 발급받을 수 있습니다.

토지대장

문서확인번호 : 1673-2273-2717-███

고유번호	4713034029-12950-███			도면번호	59	발급번호	202347130-00715-███
토지소재	경상북도 경주시 산내면 대현리			장 번 호	1-1	처리시각	10시 21분 51초
지 번	2950-███	축 척	1:1200	비 고		발 급 자	인터넷민원

토지 대장

토지표시			소유자		
지 목	면 적(㎡)	사 유	변 동 일 자 / 변 동 원 인	성명 또는 명칭	등록번호
(01) 전	·534·	(21) 2023년 01월 06일 2950-███번에서 분할 --- 이하 여백 ---	2018년 12월 20일 (04)주소변경	울산광역시 울주군 상북면 소호대리길 ███ 정██희 --- 이하 여백 ---	660119-2******

등급수정 년월일	
토 지 등 급 (기준수확량등급)	
개별공시지가기준일	용도지역 등
개별공시지가(원/㎡)	

토지대장에 의하여 작성한 등본입니다.

2023년 1월 9일

경상북도 경주시장

◆ 본 증명서는 인터넷으로 발급되었으며, 정부24(gov.kr)의 인터넷발급문서진위확인 메뉴를 통해 위 번호 여부를 확인할 수 있습니다.(발급일로부터 90일까지) 또한 문서 하단의 바코드로도 진위확인(정부24 앱 또는 스캐너용 문서확인 프로그램)을 하실 수 있습니다

출처 : 민원24

지목은 토지의 현황 상태를 알려줍니다.

현재 지목은 총 28종으로 구분되며 전(밭), 답(논), 과수원, 목장용지, 임야, 광천지, 염전, 대, 공장용지, 학교용지, 주차장, 주유소용지, 창고용지, 도로, 철도용지, 제방, 하천, 구거, 유지, 양어장, 수도용지, 공원, 체육용지, 유원지, 종교용지, 사적지, 묘지, 잡종지 등이 있습니다.

지목에서 주목해야 할 점은 토지 소유주가 일정 절차를 거쳐 변경할 수 있다는 것입니다. 예를 들어, 지목이 '전(밭)'인 토지에 주택을 건축하려는 경우, 관공서에 농지전용허가를 받아 건축을 진행하면 지목이 '대지'로 변경됩니다.

28개 지목 중 많이 사용하는 지목을 알아보겠습니다.

- **전** : 물을 상시로 이용하지 않고 곡물·원예작물, 약초, 뽕나무, 닥나무, 묘목, 관상수 등의 식물을 주로 재배하는 토지와 식용으로 죽순을 재배하는 토지입니다.
- **답** : 물을 상시로 직접 이용해 벼, 연, 미나리, 왕골 등의 식물을 주로 재배하는 토지입니다.
- **임야** : 산림 및 원야를 이루고 있는 수림지, 죽림지, 암석지, 자갈땅, 모래땅, 습지, 황무지 등의 토지입니다.
- **대** : 집이나 건물이 지어져 있는 토지입니다.

- **구거** : 용수 또는 배수를 위해 일정한 형태를 갖춘 인공적인 수로, 둑 및 그 부속시설물의 부지와 자연의 유수가 있거나 있을 것으로 예상되는 소규모 수로부지입니다.
- **잡종지** : 갈대밭, 실외에 물건을 쌓아두는 곳, 돌을 캐내는 곳, 흙을 파내는 곳, 야외 시장, 비행장, 공동우물 등 다른 지목에 속하지 않는 토지입니다.

4. 지적도

모든 땅은 쓰임새에 따라 분류되어 있습니다. 각각 구획된 논이나 밭, 임야 등을 세는 단위는 필지입니다. 토지를 좀 더 세분화해서 필지별로 구분하고, 땅의 경계를 그어놓은 것이 지적도입니다. 지적도를 통해 해당 토지의 소재지, 지번, 지목, 경계선, 축척, 인접 도로의 폭 등을 알 수 있습니다. 지적도에는 내 토지와 인접 토지의 경계가 명확히 구분되어 있어 소유 범위를 쉽게 알 수 있습니다. 또한 건축허가를 받을 시 지적도 토대로 건축설계도가 작성됩니다.

지적도에는 방위가 표시되어 있으며, 위쪽이 북쪽입니다. 다만 지적도에는 수평적인 경계만 표시되며, 등고선 같은 지형적인 요소들은 없습니다. 임야도 역시 등고선이 표시되어 있지 않습니다. 지적도와 임야도는 토지의 모양, 방향, 경계선을 파악하는 데 초점을 둔 지도입니다.

지적도와 임야도는 행정관청에서 발급이 가능하며, 인터넷 민원 24 사이트를 통해서도 발급할 수 있습니다. 요즘은 스마트폰의 발달로 네이버 지도, 카카오 지도 등 어플을 열어 주소를 검색해 토지를 검색합니다. 예전 스마트폰이 없을 때는 지적도를 발부받아 현장답사를 했습니다.

지적도

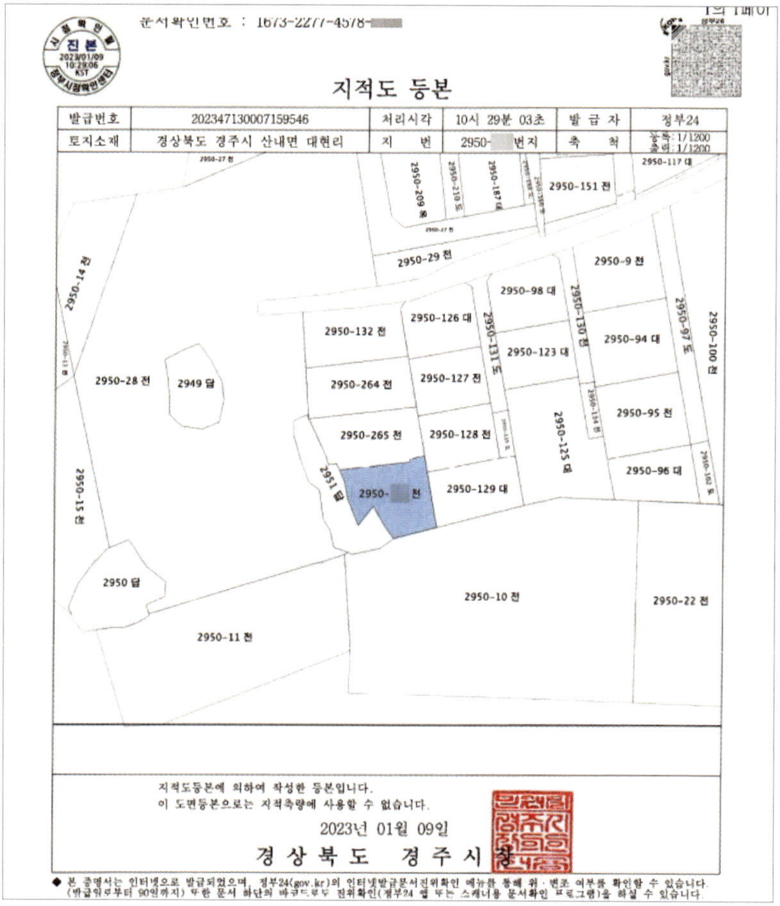
문서확인번호 : 1673-2277-4578-[redacted]

지적도 등본

발급번호	202347130007159546	처리시각	10시 29분 03초	발급자	정부24
토지소재	경상북도 경주시 산내면 대현리	지번	2950-[redacted]번지	축척	등록: 1/1200 출력: 1/1200

지적도등본에 의하여 작성한 등본입니다.
이 도면등본으로는 지적측량에 사용할 수 없습니다.

2023년 01월 09일

경 상 북 도 경 주 시 장

◆ 본 증명서는 인터넷으로 발급되었으며, 정부24(gov.kr)의 인터넷발급문서진위확인 메뉴를 통해 위·변조 여부를 확인할 수 있습니다. (발급일로부터 90일까지) 또한 문서 하단의 바코드로도 진위확인(정부24 앱 또는 스캐너용 문서확인 프로그램)을 하실 수 있습니다.

출처 : 민원24

지적도는 방위를 보고 위쪽을 북쪽으로 해서 나침반 북쪽과 일치하게 만들어봅니다. 요즘은 스마트폰의 발달로 북쪽을 쉽게 찾을 수 있습니다. 이후 지적도에 나와 있는 경계선과 현장 토지의 경계선을 확인해 토지의 모습을 확인합니다. 지적도는 축척이 1/1,200으로 표시되어 있는데, 지적도의 1㎝가 실제의 길이가 12m라는 뜻입니다. 임야도는 1/6,000으로 표시되어 있으며, 임야도의 1㎝가 실제의 길이가 60m라는 뜻입니다.

5. 토지이용계획확인원

토지이용계획확인원은 개별 필지별로 해당 토지의 용도를 나타내는 서류입니다. 여기에는 용도지역, 용도지구, 도시계획시설, 도시계획사업 입안 내용, 각종 규제의 저촉 여부, 도시계획선 등이 표시되어 있어, 개별 토지에 적용되는 규제 사항과 토지이용계획을 확인할 수 있습니다.

많은 사람들이 토지의 용도지역을 '지목'과 혼동하곤 합니다. 하지만 두 개념은 분명히 다릅니다. 지목은 개인이 허가해 지목 변경이 가능하지만, 용도지역은 개인이 허가신청해서 바꿀 수가 없습니다. 따라서 토지를 매입하기 전에 반드시 토지이용계획확인원을 발급받아 해당 토지의 용도를 꼼꼼히 확인해야 합니다.

토지이용계획확인원을 통해 토지의 소재지, 지번, 지목, 경계, 면적, 용도지역을 확인할 수 있습니다. 도시계획도로 저촉 여부, 공원녹지계획, 도로 확장 등 토지 활용에 미칠 영향도 확인할 수 있습니다.

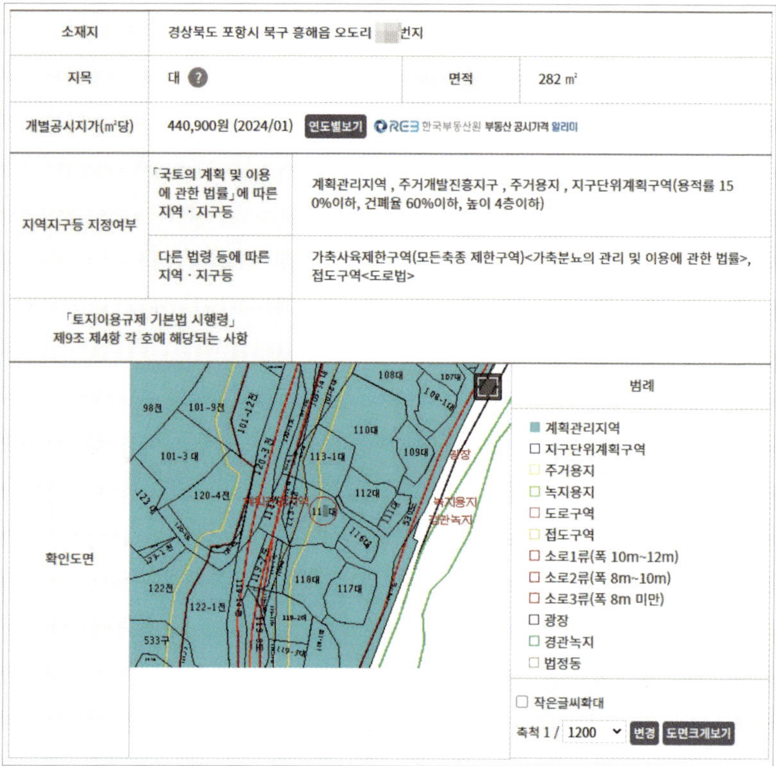

소재지	경상북도 포항시 북구 흥해읍 오도리 번지		
지목	대 ❓	면적	282 m²
개별공시지가(m²당)	440,900원 (2024/01) 연도별보기 ◯RE3 한국부동산원 부동산 공시가격 알리미		
지역지구등 지정여부	「국토의 계획 및 이용에 관한 법률」에 따른 지역·지구등	계획관리지역 , 주거개발진흥지구 , 주거용지 , 지구단위계획구역(용적률 150%이하, 건폐율 60%이하, 높이 4층이하)	
	다른 법령 등에 따른 지역·지구등	가축사육제한구역(모든축종 제한구역)<가축분뇨의 관리 및 이용에 관한 법률>, 접도구역<도로법>	
「토지이용규제 기본법 시행령」 제9조 제4항 각 호에 해당되는 사항			
확인도면			

출처 : 토지이음

    인터넷으로 열람한 한 필지 대지의 토지이용계획확인원입니다. 확인 도면에 빨간색 동그라미가 표시된 부분이 열람하는 토지입니다. 토지이용계획확인원을 보면 이 토지의 장단점을 확인할 수가 있습니다. '국토의 계획 및 이용에 관한 법률에 따른 지역·지구 등'을 살펴보면 계획관리지역이라고 표시되어 있습니다. 계획관리지역은 건폐율이 40%이고, 용적률이 100%입니다. 하지만 주거개발

진흥지구로 건폐율과 용적률이 특례로 상향 조정됩니다. 또한, 지구단위계획구역으로 건폐율 60%, 용적률 150%로 상향됨을 알 수 있습니다. 따라서 동일한 크기의 일반 계획관리지역 토지와 비교했을 때, 이 토지는 활용도가 더 높다는 장점이 있습니다.

토지이용계획확인원의 '다른 법령 등에 따른 지역·지구 등'을 살펴보면 접도구역으로 표시되어 있습니다. 확인 도면에는 빨간색과 노란색 선이 함께 보이는데, 빨간색 선은 도로, 그리고 빨간색과 노란색 사이의 구역이 바로 접도구역입니다.

접도구역은 건물을 도로에 바짝 붙여 지을 경우 발생할 수 있는 미관 저해, 교통 흐름 악화, 안전 문제 등을 예방하기 위해 지정됩니다. 즉, 도로를 보존하고 교통사고 위험을 줄이기 위해 도로 양쪽 일정 거리 이내에는 건축을 제한하는 것입니다.

일반적인 경우에 일반도로는 경계선 5m, 고속도로는 경계선에서 30m 범위를 접도구역으로 지정하고 있습니다. 접도구역에서는 토지의 형질변경, 건축행위, 나무를 베거나 심는 행위 등을 할 수 없습니다. 그러므로 접도구역으로 지정되면 쓸모없는 땅이 되어 땅값 하락의 손실이 불가피합니다. 예시의 경우, 접도구역 때문에 토지의 약 1/3만 실제 활용 가능하다는 점이 큰 단점입니다. 토지의 장단점을 확인하기 위해서는 토지이용계획확인원을 꼭 확인해야 합니다.

용도지역은 건축허가를 받을 때 허용되는 세부 용도를 구분하는 기준입니다. 건폐율로 건축물을 얼마나 넓게 지을 수 있는지, 용적률로 건물을 얼마나 높게 올릴 수 있는지를 나타냅니다. 우리나라는 전국의 모든 토지를 도시지역, 관리지역, 농림지역, 자연환경보존지역으로 구분했습니다. 용도지역은 중복으로 지정되지 않으며, 중앙부처에서만 용도를 바꿀 수 있습니다. 간혹 부동산 매매를 할 때 주변에서 이 지역 용도가 상향된다는 이야기에 매입하시는 분들이 있습니다. 하지만 용도지역은 바뀌기가 어렵기 때문에 조심하시기 바랍니다.

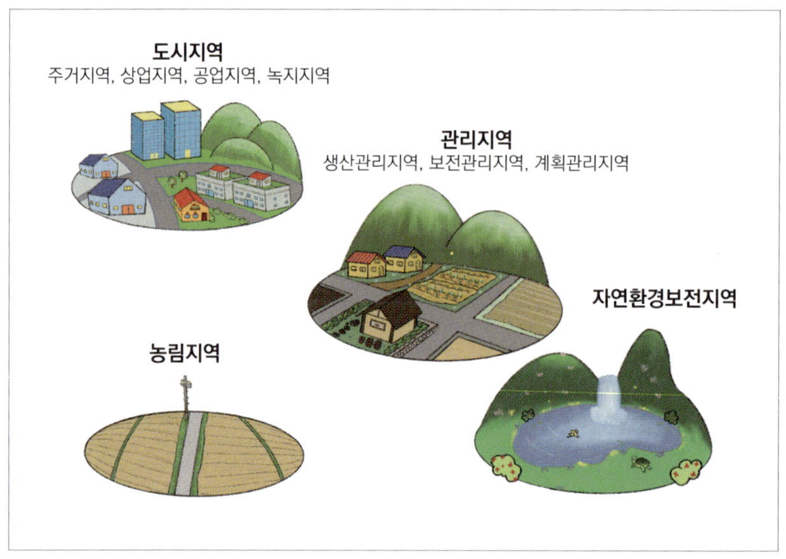

출처 : 저자 제공

경매 강사가 숨어서 읽는 이론서

Chapter 4

권리분석 1
(등기부등본으로 알 수 있는 권리)

1. 권리분석의 중요성

경매로 부동산을 매입하려면 경매에 나와 있는 매물의 권리를 분석할 수 있어야 합니다. 권리분석을 잘못해서 경매에 입찰하면 소중한 보증금을 하늘로 날릴 수가 있습니다. 보증금만 날리면 다행인데, 부동산 낙찰 잔금 후 부동산 전체가 다른 사람의 소유가 되는 경우가 있습니다. 이럴 경우에 대비해 철저하게 권리분석을 해야 합니다. 경매로 나오는 부동산은 한 가지 부동산에 여러 가지 권리들이 뒤섞여 있습니다.

여러 권리 중 등기부등본에 표시되어 있는 권리가 있고, 표시가 되지 않는 권리들이 있습니다. 등기부등본은 여러 권리의 알림판 같은 역할을 하고 있습니다. 표시되는 권리로는 저당권, 근저당권,

압류, 가압류, 가등기, 전세권, 강제경매개시결정등기, 가처분, 지상권, 환매등기가 있습니다. 표시되지 않는 권리로는 임차권, 법정지상권, 유치권, 분묘기지권 등이 있습니다. 관련 권리들이 무엇인지, 어떤 권리들이 인수되고, 소멸되는지를 알아야 경매로 부동산을 매입할 수 있습니다.

권리분석을 우습게 여겨 낙찰 잔금 외에 추가 비용 및 해결되지 않는 권리들을 인수할 수 있습니다. 경매로 매입하는 본질은 부동산을 일반 매매보다 저렴하게 구매하기 위해서입니다. 권리분석을 잘못해서 일반 매매보다 더 비싸게 구매하거나 노력이 더 많이 든다면 하지 않는 것이 낫습니다. 경매로 매입할 때는 권리분석에 대해 몇 번을 강조해도 모자라지 않습니다.

2. 말소기준권리

권리분석을 하기 위해서는 말소기준권리를 알아야 합니다. 말소기준권리에 대해서는 민사집행법에 나와 있습니다. 하지만 민사집행법에 나온다고 해서, 그 권리가 곧바로 정확한 말소기준권리라고 단정할 수는 없으며, 후순위 권리가 당연히 소멸한다고 말할 수도 없습니다. 이런 이야기를 하는 것은 말소기준권리가 고정되어 있으면 혼돈이 없을 것인데, 시대와 시기에 따라 변할 수가 있기 때문입니다.

　권리분석은 기준이 있어야 분석이 되니 기존의 말소기준권리를 기준으로 잡아 분석하도록 하겠습니다. 말소기준권리는 등기부등본에 표시되는 항목으로 이루어져 있습니다. 등기부등본에 말소기준권리보다 후순위에 있는 권리들은 그 부동산이 경매로 매각되면 모두 소멸·말소되고, 말소기준권리보다 선순위에 있는 권리는 소멸되지 않아 경매 낙찰 시 낙찰자가 그 권리가 인수됩니다. 말소기준권리를 알아보도록 하겠습니다.

〈말소기준권리 다섯 가지〉

① (근)저당권　　　　　　　② (가)압류　　　　　③ 담보가등기
④ 전세권(배당요구 및 경매 신청 시)　　⑤ 경매개시결정등기

　말소기준권리 다섯 개 중 등기부등본에 두 개 이상이면 그중 순위가 가장 빠른 권리가 말소기준권리가 됩니다. 이 권리들을 하나하나 따로 설명하기 전에 말소기준권리로 경매 매각되면 어떤 권리들이 소멸되고, 어떤 권리들이 인수되는지 예시문을 들어보겠습니다.

순위	권리자	내용	설정일자	인수/소멸	말소기준
1	머니에듀	소유권	2012. 2. 1.		
2	A은행	근저당권	2012. 3. 1.	소멸	말소
3	내일로	가압류	2013. 1. 1.	소멸	
4	꼬동	전세권	2014. 3. 25.	소멸	
5	A은행	임의경매 신청	2015. 1. 30.	소멸	

머니에듀가 소유권을 가진 아파트가 경매에 나왔습니다. 표를 한 번 풀어보면, 2012년 2월 1일 머니에듀가 아파트를 매입했습니다. 머니에듀는 A은행에서 2012년 3월 1일 돈을 빌려 근저당을 잡았습니다. 2013년 1월 1일 내일로가 머니에듀에 받을 돈이 있다고 가압류를 신청했습니다. 이와 관련한 사실을 잘 모르는 꼬동이 2014년 3월 25일 전세권을 설정해 이 집에 전세로 들어왔습니다. 머니에듀가 은행에 이자를 지불하지 않아 A은행은 2015년 1월 30일 임의경매를 신청했습니다. 경매 참가자가 이 아파트를 낙찰받으면 말소기준권리에 따라 A은행근저당권 이후 뒤에 권리들은 다 말소됩니다. 그리해서 낙찰자가 인수할 권리가 없기 때문에 기타 권리들을 생각하지 않고 낙찰받으면 됩니다.

순위	권리자	내용	설정일자	인수/소멸	말소기준
1	머니에듀	소유권	2012. 2. 1.		
2	내일로	가처분	2012. 3. 1.	인수	
3	A은행	근저당권	2013. 1. 1.	소멸	말소
4	꼬동	전세권	2014. 3. 25.	소멸	
5	A은행	임의경매 신청	2015. 1. 30.	소멸	

머니에듀가 소유권을 가진 아파트가 경매에 나왔습니다. 표를 한 번 풀어보면, 2012년 2월 1일 머니에듀가 아파트를 매입했습니다. 머니에듀와 법적으로 소송해야 하는 내일로가 2012년 3월 1일 아파트에 가처분을 신청했습니다. 이후 머니에듀는 A은행에서 2013년 1월 1일 돈을 빌려 근저당을 잡았습니다. 이와 관련한 사실을 잘 모르는 꼬동이 2014년 3월 25일 전세권을 설정해 이 집에 전세로 들어왔습니다. 머니에듀가 은행에 이자를 지불하지 않아 A은행은 2015년 1월 30일 임의경매를 신청했습니다. 경매 참가자가 이 아파트를 낙찰받으면 말소기준권리에 따라 A은행근저당권 이후 뒤에 권리들은 다 말소됩니다. 하지만 말소기준권리보다 먼저 내일로가 가처분 권리신청을 했기 때문에 가처분은 낙찰자가 인수해야 합니다. 이 가처분을 낙찰자가 인수할 때, 경매 낙찰금액과 인수 권리를 더하면 부동산 시세보다 비싸게 매입하는 경우가 있습니다. 이럴 경우는 경매로 매입하면 안 됩니다.

민사집행법

제91조(인수주의와 잉여주의의 선택 등)

① 압류채권자의 채권에 우선하는 채권에 관한 부동산의 부담을 매수인에게 인수하게 하거나, 매각대금으로 그 부담을 변제하는 데 부족하지 아니하다는 것이 인정된 경우가 아니면 그 부동산을 매각하지 못한다.

② 매각 부동산 위의 모든 저당권은 매각으로 소멸된다.

③ 지상권·지역권·전세권 및 등기된 임차권은 저당권·압류채권·가압류채권에 대항할 수 없는 경우에는 매각으로 소멸된다.

④ 제3항의 경우 외의 지상권·지역권·전세권 및 등기된 임차권은 매수인이 인수한다. 다만, 그중 전세권의 경우에는 전세권자가 제88조에 따라 배당요구를 하면 매각으로 소멸된다.

⑤ 매수인은 유치권자(留置權者)에게 그 유치권(留置權)으로 담보하는 채권을 변제할 책임이 있다.

제144조(매각대금 지급 뒤의 조치)

① 매각대금이 지급되면 법원사무관 등은 매각허가결정의 등본을 붙여 다음 각 호의 등기를 촉탁해야 한다.

1. 매수인 앞으로 소유권을 이전하는 등기
2. 매수인이 인수하지 아니한 부동산의 부담에 관한 기입을 말소하는 등기
3. 제94조 및 제139조 제1항의 규정에 따른 경매개시결정등기를 말소하는 등기

가등기담보 등에 관한 법률

제15조(담보가등기권리의 소멸)

담보가등기를 마친 부동산에 대하여 강제경매 등이 행하여진 경우에는 담보가등기권리는 그 부동산의 매각에 의하여 소멸한다.

3. 권리분석의 핵심

부동산 물건의 권리를 분석할 때 핵심적으로 두 가지를 생각하면서 분석하면 어려울 것이 없습니다. 법률적으로만 생각하면 본질보다 가지를 볼 때가 많습니다.

첫 번째는 '돈이 목적인 권리인가?', '돈이 목적이 아닌 권리인가?'를 구분해야 합니다.

돈이 목적인 권리는 부동산 물건 이해관계인들이 근저당권, 압류, 담보가등기 등 돈에 대한 권리를 신고합니다. 부동산이 경매로 매각되면 낙찰 대금으로 배당을 받아갑니다. 배당금액이 부족하면 배당받지 못한 사람이 있다고 하더라도 그 부동산에서는 더 이상 권리를 인정받을 수 없습니다. 그러므로 돈이 목적인 권리는 매각 후 그 효력이 소멸입니다. 돈이 목적이 아닌 권리는 부동산 물건 이해관계인들이 가처분, 지분, 가등기 등 돈에 대한 권리 외의 것을 신고합니다. 경매로 현금화 절차를 하더라도 말소기준권리보다 선순위에 있으면 그 권리들이 낙찰자에게 인수됩니다. 효력이 없어지지 않아 낙찰자를 곤란하게 만듭니다.

두 번째는 대한민국 민법 제2조 신의성실의 원칙입니다.

사실 이것이 권리분석의 핵심이자 뼈대입니다. 선의의 제삼자가 피해를 입으면 안 됩니다. 부동산에는 여러 이해관계가 얽혀 있을 수 있습니다. 두 가지 이상의 권리가 서로 충돌할 일들이 많습니다. 예를 들어, 은행이 토지 주인에게 돈을 빌려주고 근저당권을 설정했습니다. 토지 주인은 그 돈으로 건물을 지어 올렸습니다. 하지만 건물이 분양되지 않아 돈을 빌려준 은행에 돈을 갚지 못하는 상황이 발생했습니다. 당연히 은행은 돈을 돌려받기 위해 토지를 경매에 부치게 됩니다. 건물이 다 지어져 있으니 건물을 철거할 수 있는 권리를 낙찰자에게 주지 않으면 은행은 큰 손해를 보게 됩니다. 은행은 돈을 빌려줄 당시, 토지에 대한 가치를 보고 돈을 빌려준 것이지, 건물을 보고 돈을 빌려준 것이 아니기 때문입니다. 법원에서는 제삼자인 은행이 선의의 피해자가 되는 것을 방지하기 위해 낙찰자에게 건물을 철거할 수 있는 권리를 줍니다. 은행이 돈을 받을 수 있는 근저당권에 대한 권리와 건물을 지어 올린 건물주의 법정지상권 권리가 충돌했지만, 신의성실의 원칙을 생각하면 쉽게 풀어나갈 수 있는 문제입니다.

4. 근저당권과 저당권

말소기준권리에 처음으로 등장하는 근저당권과 저당권의 차이를 이해할 필요가 있습니다.

근저당권은 집을 사본 경험이 있으면 접해봤을 용어입니다. 집을 매입할 때 은행 돈을 대출하지 않는 사람은 드물기 때문입니다. 근

경매 강사가 숨어서 읽는 이론서

저당권은 채무자가 이자를 납부하지 않을 경우, 해당 부동산을 경매에 부쳐 그 기간까지 발생한 이자도 보장받기 위해 설정하는 권리입니다. 예를 들어, 부동산을 가지고 있는 채무자가 1억 원을 대출받게 되면 근저당권의 최권최고액은 120~130%로 설정해 1억 2,000만 원이나 1억 3,000만 원으로 등기부등본에 기록됩니다. 채권액보다 설정을 많이 하는 이유는 채권자가 돈을 일부 갚아 빚이 감액되거나 이자가 밀려 채권액이 증액되면 매번 저당권을 말소하고 다시 설정하면 많이 번거롭기 때문입니다.

저당권은 돈을 빌려주는 대신 부동산을 담보로 후순위 채권자보다 돈을 먼저 돌려받을 수 있는 권리입니다. 채권자가 채무자의 담보물인 부동산을 보고 돈을 빌려주고 저당권을 설정하면, 나중에 채무자가 기간 내에 돈을 갚지 않을 시 저당권으로 경매를 신청할 수 있습니다.

근저당권과 저당권은 다음과 같은 특징을 가지고 있습니다.

첫 번째 특징은 부동산 등기부에 기입이 되니 채무자가 빚을 갚지 않으면 채무자의 허락을 구하지 않고, 담보 부동산을 경매로 내보낼 수가 있다는 것입니다.

두 번째 특징은 근저당권과 저당권을 설정한 채권자들이 후순위 채권자들보다 먼저 돈을 배당받을 수 있다는 것입니다. 이러한 권리를 '우선변제권'이라고 합니다. '등기부등본에 순서대로 기입되어 있는데, 당연히 순서에 맞게 후순위 채권자들보다 먼저 돈을 받을 수 있는 게 맞지 않을까?' 하는 의문이 들 수 있습니다. 근저당권이든 저당권이든 언제까지 효력을 발생시키겠다는 기일이라는 게 있습니다. 이러한 기일이 지나도 채무자가 돈을 갚지 않으면 등기의 순서 맞게 배당순위를 정해 배당한다는 의미입니다.

세 번째 특징은 근저당권과 저당권이 담보 부동산에 여러 개가 존재하면 배당금원에 맞게 등기 순서대로 배당하고, 배당이 부족하더라도 모두 소멸됩니다. 돈을 받기 위해 설정된 권리니, 담보 부동산이 경매 이후 배당이 끝나면 계속해서 등기에 남아 있는 것이 아니고 소멸됩니다. 근저당권자와 저당권자가 모든 돈을 배당으로 받지 못하면, 담보 부동산이 아닌 다른 부동산이나 채무자의 개인 채권을 압류할 수 있습니다.

경매 강사가 숨어서 읽는 이론서

실거래가 2억 원인 아파트가 1억 5,000만 원에 낙찰되면 관련 근저당들은 어떻게 될까요?

순위	권리자	내용	설정일자	채권액
1	소유자		2012. 2. 1.	
2	A은행	근저당권	2012. 2. 1.	1억 2,000만 원 (실제 금액 1억 원)
3	B은행	근저당권	2012. 3. 1.	1억 2,000만 원 (실제 금액 1억 원)

현재 2억 원에 매각되는 아파트가 소유자의 대출이자 미납으로 경매에 나오게 되었습니다. 이와 관련해 권리분석을 해보겠습니다. 아파트의 소유자는 2012년 2월 1일 소유권이전을 하면서 A은행에 1억 원을 같은 날 2012년 2월 1일에 빌려 등기이전을 했습니다. 채권의 최고액은 120%로, A은행에서는 1억 2,000만 원을 설정했습니다. 이후 소유자가 돈이 없어 B은행에서 2012년 3월 1일 1억 원이라는 돈을 빌렸습니다. 마찬가지로, 채권의 최고액으로 B은행은 1억 2,000만 원을 설정했습니다. 이후 누군가 이 아파트를 1억 5,000만 원에 낙찰받았습니다. 그럼 A은행에서 먼저 1억 2,000만 원의 채권을 배당받습니다. 소유자가 이자를 납입하지 않았기 때문에 경매에 내보내게 되었고, 또한 경매를 내보내고 몇 달 뒤에 낙찰되고 소유권이전이 되기 때문에 그 기간을 계산해보면 거의 채권 최고액까지 차게 됩니다. 이후 B은행은 원금 1억 원이 아닌 낙찰금

액 1억 5,000만 원에서 A은행이 배당받은 1억 2,000만 원을 뺀 금액인 3,000만 원만 돌려받습니다. 나머지 비용은 해당 담보 부동산에 남아 있는 것이 아니라 소멸됩니다. 후순위는 돈을 돌려받지 못하는 경우가 생기므로, 은행에서도 순위에 밀리게 되면 더 이상 대출해주지 않으려고 합니다.

※ 한정 근저당권과 포괄 근저당권의 차이

우리가 부동산을 매입하면 대부분 은행 대출을 실행해 소유권이전을 합니다. 대출자 서류를 작성할 때 한정 근저당 또는 포괄 근저당을 설정하라고 합니다. 한정 근저당은 특정 채권을 담보하는 근저당권입니다. 쉽게 설명하면, 담보 부동산에 채무금액만큼 근저당을 설정하고, 담보 부동산 대출을 갚지 못하면 그 금액만큼만 돌려받을 수 있습니다.

포괄 근저당은 채권자와 채무자 사이에 현재 빌린 돈뿐만 아니라 장래에 발생할 수 있는 빚까지 일정한 최고액까지 담보합니다. 쉽게 말해, 담보 부동산에 채무금액 이상으로 근저당을 설정해두는 것입니다. 예를 들어, 채무자가 부동산 담보 대출 외에 미래에 카드빚이 생기더라도 그 금액까지 담보할 수 있도록 설정하는 것입니다.

예시를 들어보겠습니다. 시가 2억 원의 아파트를 매수하는 경우, 담보대출이 1억 원 있다면 매수자는 매도자에게 1억 원을 주고, 나머지 1억 원은 은행에 상환해 소유권 이전을 받아야 합니다.

그런데 포괄 근저당이 설정되어 있다면 상황이 달라집니다. 매수자는 매도자의 다른 빚까지 확인해야 합니다. 만약 매도자가 카드값 1,000만 원을 미납했다면, 매수자는 은행에 1억 원을 상환하고, 카드사에 1,000만 원을 납부한 뒤 남은 9,000만 원만 매도자에게 지급해야 포괄 근저당이 설정된 부동산의 소유권을 이전받을 수 있었습니다.

예전 은행에서는 한정 근저당보다 포괄 근저당 설정을 하기를 원했습니다. 2010년 이전에는 은행근저당 설정 계약 시 '장래에 불특정 채권을 모두 피담보 채권으로 한다'라는 포괄 근저당 계약을 많이 했습니다. 그러나 현재는 '채무자가 채권자에 대해 다음 종류의 거래로 말미암아 현재 및 장래에 부담하는 모든 채무에 대해 담보책임한다'라는 한정 근저당권으로 계약하고 있습니다. 아무래도 한정 근저당권이 포괄 근저당권보다 담보 책임을 축소한 개념이라고 할 수 있습니다.

5. 가압류와 압류

가압류는 본안 소송 전에 채무자의 자산을 임의로 압류하는 것입니다. 다시 말해, 빚을 갚아야 할 채무자가 가지고 있는 부동산이나 은행에 들어가 있는 예금 자산 등의 재산을 숨기거나 팔아버리면, 빚을 받을 채권자가 돈을 받기가 상당히 곤란해집니다. 따라서 가압류는 채권자가 채무자의 부동산이나 은행예금 등 다른 재산을 임시로 압류하는 법원의 보존처분입니다. 소송은 아무래도 오래 걸리기 때문에 채권자 측에서는 가압류를 하는 것이 유리합니다. 채권자가 가압류 신청을 하면 법원은 채무자의 변론기일을 잡지 않고, 법원의 판단으로 가압류 결정을 내리며, 채무자의 부동산 등기부에 그 내용이 기재됩니다.

가압류 등기를 하면, 채무자가 해당 부동산을 이해관계인들에게 증여하더라도 채권자는 경매를 신청해 순위에 맞게 배당받을 수 있습니다. 가압류는 압류와 달리 임시 권리라고 이해하는 것이 빠릅니다. 등기부에 가압류가 기재되어 있다고 확정된 채권이 아닙니다. 채권자의 본안 소송을 통해 채무자 부동산에 기재된 금액보다 채권이 많을 수도, 적을 수도 있습니다.

가압류는 돈에 관한 채권이면 보존할 수 있습니다. 손해배상, 보증금 반환, 부당이득, 위자료, 공사대금 등 모두 돈에 관한 권리입니다. 가압류를 할 때 채권자를 곤란하게 하는 경우가 있습니다. 가압류는 채권자가 채무자에게 돈을 받을 것이 있기 때문에 신청합니다. 하지만 법원에서는 본안 소송 전까지는 확실한 채권·채무관계인지를 밝힐 수가 없습니다. 그래서 부동산은 당장 사용에 문제가 되지 않으므로 채권자에게 지급보증위탁계약을 체결한 문서로

   경매 강사가 숨어서 읽는 이론서

대처가 가능합니다. 하지만 채권자가 채무자의 통장을 가압류하게 된다면, 채무자가 자신의 통장을 사용하기 어려워집니다. 그래서 법원에서는 채권자에게 채무자한테 받아야 될 채권 중 현금으로 40%를 공탁하라고 명령합니다. 예를 들어, 채권자가 채무자에게 1억 원을 받을 돈이 있어 법원에 가압류신청을 하면 4,000만 원을 공탁해야 합니다.

법원의 담보제공명령서

서 울 서 부 지 방 법 원
담 보 제 공 명 령

사　　건　　2024카단442　채권가압류

채　권　자　　조■혁 (911017-■■■■■)
인천 연수구 센트럴로 415, 104동 ■■■호(송도동, 힐스테이트송도더테라스)

채　무　자　　주식회사 만쿠라 (110111-■■■■■)
서울 마포구 독막로14길 ■, ■■(상수동)
대표자 사내이사 김■철

제 3 채 무 자　　주식회사 하나은행 (110111-■■■■■)
서울 중구 을지로 35 (을지로1가, (주)하나은행본점)
대표이사 이■열

위 사건에 대하여 채권자에게 담보로 이 명령을 고지받은 날부터 7일 이내에 채무자를 위하여 금 12,800,000원을 공탁할 것을 명한다.
채권자는 위 금액 중 1/2에 대하여는 이를 보증금액(보험금액)으로 하는 지급보증위탁계약을 체결한 문서를 제출할 수 있다.

2024. 9. 6.

판사　　김■기

1. 진술최고 신청 시 제3채무자가 금융기관인 경우에는 가압류 명령 시까지 진술최고 통보비용을 납부하지 않은 경우에는 진술최고 신청을 각하하여야 하므로, 담보제공 시 제3채무자 진술최고 통보비용을 보관금(진술최고비용)으로 납부하시기 바랍니다.
2. 위에서 정한 기일 안에 공탁하거나 지급보증위탁계약을 체결한 경우 그 정보가 전자적으로 법원에 제출되므로 별도로 공탁서 등을 제출하지 않아도 됩니다.

※ 문서 좌측 상단의 바코드로 대한민국법원 앱에서 진위확인을 하실 수 있습니다. 또한 전자소송홈페이지 및 각 법원 민원실에 설치된 사건검색 컴퓨터의 발급문서(번호)조회 메뉴에서 문서 좌측 하단의 발급번호를 이용하여 위·변조 여부를 확인하실 수 있습니다.
2024-0274361610-C626A

출처 : 저자 제공

앞과 같이 채권자가 채무자를 상대로 가압류를 신청하면 법원에서는 담보제공명령을 합니다. 채권자가 채무자의 통장을 가압류 신청했을 때, 법원에서는 공탁금 중 1/2은 지급보증위탁계약을 하라고 지시했습니다. 채권자가 공탁할 금원이 없어 법원에 간청을 했던 것으로 보입니다.

지급보증위탁계약은 서울보증보험 홈페이지에 접속하면 됩니다.

서울보증보험 홈페이지

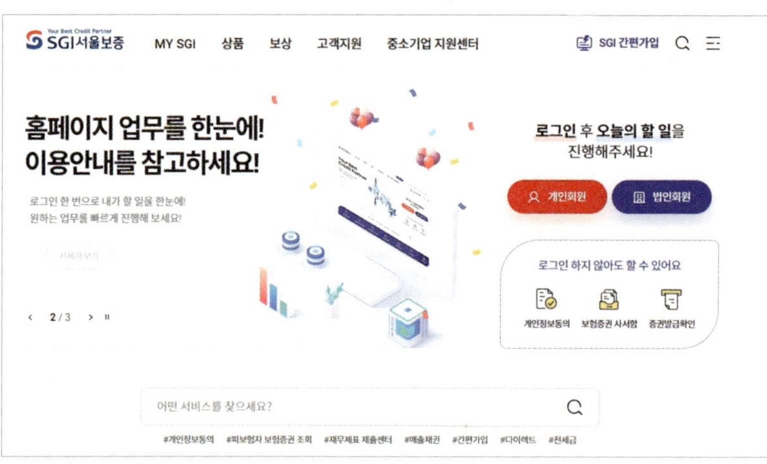

출처 : 서울보증보험 사이트

로그인 후 개인정보동의를 한 후, 홈페이지에서 지점 안내로 들어갑니다.

경매 강사가 숨어서 읽는 이론서

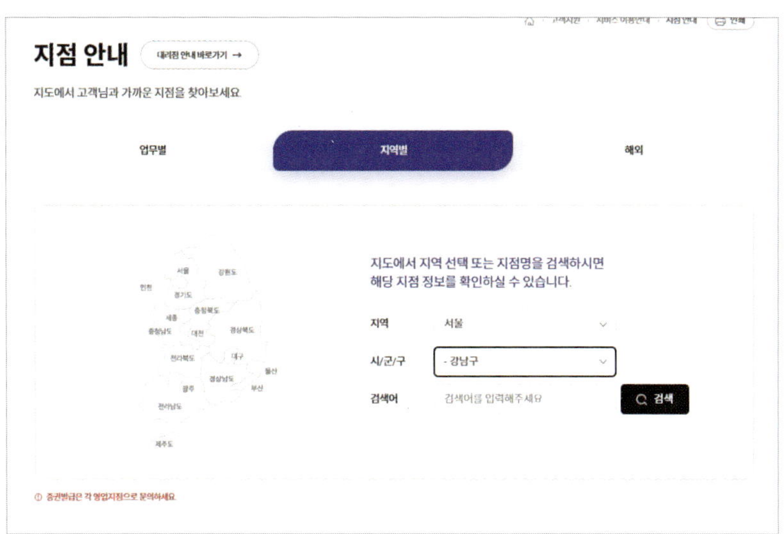

출처 : 서울보증보험 사이트

집에서 가까운 지점을 검색합니다. 서울 강남구로 검색하면 지점
이 일곱 군데나 나오네요.

서울지역 - 강남구

번호	지점	연락처	주소
1	강남지점	02-567-0021	[06232] 서울 강남구 강남대로 382 메리츠타워 11층 (역삼동)
2	삼성지점	02-562-0021	[06169] 서울 강남구 테헤란로 513 삼성동 K타워 12층
3	선릉지점	02-508-0061	[06193] 서울 강남구 테헤란로 422 KT 선릉타워 4층 (대치동)
4	양재지점	02-574-0021	[06265] 서울 강남구 강남대로 262 9층 (도곡동, 캠코양재타워)
5	역삼지점	02-569-0041	[06141] 서울 강남구 테헤란로 203 SI타워 12층 (역삼동)
6	강남신용지원단	02-3671-8800	[06735] 서울 서초구 강남대로 251 4층 (서초동, 해동빌딩)
7	신용회복지원1단	02-3671-8331	[06043] 서울 강남구 강남대로 574 7층 전기공사공제조합빌딩 (논현동)

출처 : 서울보증보험 사이트

이곳 중 한 곳에 전화를 걸어 법원에서 담보제공명령을 받아 지급보증위탁계약을 체결하고 싶다고 이야기합니다. 그럼 담당자가 이메일 또는 팩스 번호를 알려줍니다. 채권자는 서울보증협회에 담보제공명령등본을 발송하면 보험계약이 만들어집니다. 이후 보험계약이 생성 완료되어 홈페이지 하단의 보험계약 전자서명 란에 들어가면 계약자 전자서명이 조회됩니다. 보험계약을 체결하면서 보험료를 납부하면 지급보증위탁계약이 완료됩니다. 인터넷으로 하기 불편하다면 집에서 가까운 지점에 방문해 서울보증협회 담당자와 직접 계약하면 됩니다.

압류는 채권자와 채무자 사이의 본안 소송을 통해 채무자의 특정 재산에 대한 처분을 채권자가 강제로 집행하는 절차입니다. 소송 시에 채권자가 원고가 되고, 채무자가 피고가 됩니다. 원고가 본안 소송 승리 시 피고의 부동산 자산, 자동차, 가전제품, 미술품 등 압류를 통해 강제로 매각해 채권으로 돌려받을 수 있습니다.

예시 | 가압류 권리분석

실거래가 2억 원인 아파트가 1억 5,000만 원에 낙찰되면 관련 가압류는 어떻게 될까요?

순위	권리자	내용	설정일자	채권액
1	소유자		2012. 2. 1.	
2	내일로	가압류	2012. 2. 1.	1억 원
3	오늘로	가압류	2012. 3. 1.	1억 원

경매 강사가 숨어서 읽는 이론서

　현재 2억 원에 매각되는 아파트가 소유자의 가압류로 경매에 나오게 되었습니다. 이와 관련해 권리분석을 해보겠습니다. 아파트의 소유자는 2012년 2월 1일 소유권이전을 하면서 내일로에게 같은 날 2012년 2월 1일에 1억 원 채권 관련 가압류가 들어왔습니다. 가압류는 채권최고액이 없으므로 1억 원이 등기부등본에 설정됩니다. 이후 소유자의 아파트에 2012년 3월 1일 오늘로에게 1억 원 채권 관련 가압류가 들어왔습니다. 역시 채권최고액이 없으므로 1억 원이 등기부등본에 설정됩니다. 가압류로 인해 이 아파트가 경매에 나오게 됩니다. 이후 누군가 이 아파트를 1억 5,000만 원에 낙찰받았습니다. 가압류는 우선변제권이 없으므로 근저당과 다르게 배당됩니다.

• 가압류권자 내일로가 받는 배당

※ 내일로의 배당

$$\frac{\text{내일로 채권(1억 원)}}{\text{모든 채권의 합(1억 원+1억 원)}} \times \text{배당금액(1억 5,000만 원)}$$

= 7,500만 원

• 가압류권자 오늘로가 받는 배당

※ 오늘로의 배당

$$\frac{\text{오늘로 채권(1억 원)}}{\text{모든 채권의 합(1억 원+1억 원)}} \times \text{배당금액(1억 5,000만 원)}$$

= 7,500만 원

내일로와 오늘로는 똑같이 7,500만 원씩 배당을 받게 됩니다. 그러나 두 가압류권자 모두 2,500만 원은 돌려받지 못했습니다. 이를 통해 가압류권자들만 있을 경우에는 등기부등본의 순위와 관계없이 평등하게 배당된다는 것을 알 수 있습니다. 그렇다면 만약 임차권, 근저당, 가압류 등 여러 가지 권리가 섞여 있다면 어떻게 될까요? 이에 따른 배당락에 대해서는 뒤에서 다시 설명하도록 하겠습니다.

6. 가등기

가등기는 말 그대로 임의로 등기한 것입니다. 본등기 요건을 갖추지 못했을 때 물건변동 목적으로 청구권을 임시적으로 등기에 포함시키는 형태의 등기입니다. 가등기에는 두 가지 종류가 있습니다. 매매 예약을 위한 소유권이전청구권가등기와 대물반환 예약을 위한 소유권이전담보가등기입니다.

부동산 경매에서 가등기 권리분석 시 주의 깊게 봐야 하는 것은 소유권이전청구권가등기입니다. 소유권이전청구권가등기는 말소기준이 되지 않습니다. 말소기준권리를 가진 소유권이전담보가등기보다 소유권이전청구권가등기를 먼저 알아두면 권리분석을 하기가 편합니다.

순위	권리자	내용	설정일자
1	내일로	소유자	2020. 2. 1.
2	오늘로	소유권이전청구권가등기	2020. 4. 1.
3	어제로	전세권설정	2020. 9. 1.
4	어제로	경매 신청	2022. 9. 1.
5	모레로	경매 낙찰로 소유권이전	2023. 7 .1.

내일로가 2020년 2월 1일 아파트를 취득합니다. 이후 2020년 4월 1일, 내일로는 오늘로에게 아파트를 매각합니다. 오늘로는 아파트 매매대금을 내일로에게 지급했으나 당장 소유권을 이전할 수 없는 일이 생겨 소유권이전청구권가등기를 합니다. 2020년 9월 1일, 아파트 소유자 내일로가 어제로와 전세권설정을 동의하면서 어제로가 전세자로 들어옵니다. 이후 시일이 지나 전세계약이 끝난 어제로가 아파트 소유자 내일로에게 전세금을 달라고 요구했지만, 내일로가 전세금을 주지 않아 2022년 9월 1일 아파트를 경매로 내보냅니다. 2023년 7월 1일, 모레로가 시세보다 저렴한 가격에 낙찰되어 소유권이전을 합니다. 과연 모레로는 아파트를 잘 받은 것일까요?

말소기준권리는 2020년 9월 1일, 어제로의 전세권설정일이 됩니다. 그 이후 권리는 소멸이 됩니다. 말소기준권리보다 앞에 있는 권리는 2020년 4월 1일, 오늘로의 소유권이전청구권가등기가 됩니다. 이 권리는 경매로 매각 후에도 낙찰자가 인수해야 하는 권리입니다. 2023년 7월 1일 이후 오늘로가 나타나 소유권을 주장하면서 본등기를 하게 된다면, 모레로의 소유권이 소멸되고 아파트 소유권은 오늘로에게 넘어가게 됩니다. 모레로는 금원도 손해 보고 아파트 소유권도 빼앗기게 되기에 소유권이전청구권가등기가 말소기준권리보다 앞에 있으면 낙찰 시 항상 주의해야 합니다.

예시 2 | 소유권이전청구권가등기가 있는 아파트 권리분석

순위	권리자	내용	설정일자
1	내일로	소유자	2020. 2. 1.
2	어제로	전세권설정	2020. 4. 1.
3	오늘로	소유권이전청구권가등기	2020. 9. 1.
4	어제로	경매 신청	2022. 9. 1.
5	모레로	경매 낙찰로 소유권이전	2023. 7 .1.

소유권이전청구권가등기가 말소기준권리보다 이후 순위일 때 권리분석을 해보도록 하겠습니다. 내일로가 2020년 2월 1일 아파트를 취득합니다. 2020년 4월 1일 아파트 소유자 내일로가 어제로와 전세권설정을 동의해주며 어제로가 전세자로 들어옵니다. 내일로가 2020년 9월 1일 오늘로에게 아파트를 매각합니다. 오늘로는 아파트 매매금액을 내일로에게 주고, 소유권이전청구권가등기를 합니다. 이후 전세계약이 끝난 어제로가 아파트 소유자 내일로에게

전세금을 달라고 요구했지만, 내일로가 전세금을 주지 않아 2022년 9월 1일 아파트를 경매로 내보냅니다. 2023년 7월 1일 모레로가 시세보다 저렴한 가격에 낙찰되어 소유권이전을 합니다. 과연 모레로는 아파트를 잘 받은 것일까요?

이 건은 잘 받은 경우입니다. 말소기준권리가 2020년 4월 1일, 어제로의 전세권설정일이 말소기준이 됩니다. 그 이후 권리는 소멸됩니다. 2020년 9월 1일 오늘로의 소유권이전청구권가등기권리가 있지만, 2023년 7월 1일 모레로의 경매 낙찰로 소유권이전되어 권리가 소멸되었습니다. 시세보다 저렴하게 아파트를 매입했으니 성공적인 경매 낙찰 케이스입니다.

이렇게 소유권이전청구권가등기가 있는 권리는 낙찰 후 권리가 살아 있으면 낙찰자가 피해를 볼 수 있다는 사실을 알게 되었습니다. 이제 소유권이전담보가등기에 대해 알아보겠습니다.

담보가등기는 채무변제의 담보권으로 사용하는 등기입니다. 예를 들어보겠습니다. 오늘로가 내일로의 아파트를 담보물로 주면 1억 원을 빌려주기로 했습니다. 돈을 빌려주는 대신 내일로 아파트에 근저당권을 설정하면 됩니다. 하지만 내일로가 기간 내에 돈을 갚지 않으면 근저당권을 근거로 법원에 경매 신청을 해야 합니다. 거기다 경매 신청 후 10개월 이상은 소요되어야 배당으로 돈을 받을 수 있습니다. 절차상 하자가 있으면 좀 더 늦어질 수 있습니다.

이에 오늘로는 내일로에게 1억 원을 빌려주는 대신에 시가 2억 원 짜리 내일로의 아파트에 소유권이전청구권가등기를 해달라고 했습니다. 내일로가 기간 내에 돈을 갚으면 등기상 아무런 문제가 없을 테니 가등기를 허락했습니다.

이후 오늘로가 돈을 돌려받지 못했습니다. 빌려준 1억 원 대신 내일로의 2억 원 아파트를 가지려고 본등기로 바꾸려고 하겠죠. 그럼 내일로는 1억 원을 손해 보게 됩니다. 이러한 불상사를 방지하기 위해 '가등기담보 등에 관한 법률'이 제정되어 있습니다.

가등기담보에 관한 법률

제13조(우선변제청구권)

담보가등기를 마친 부동산에 대하여 강제경매 등이 개시된 경우에 담보가등기 권리자는 다른 채권자보다 자기채권을 우선변제 받을 권리가 있다. 이 경우 그 순위에 관하여는 그 담보가등기권리를 저당권으로 보고, 그 담보가등기를 마친 때에 그 저당권의 설정등기(設定登記)가 행하여진 것으로 본다.

제15조(담보가등기권리의 소멸)

담보가등기를 마친 부동산에 대하여 강제경매 등이 행하여진 경우에는 담보가 등기권리는 그 부동산의 매각에 의하여 소멸한다.

이와 같이 등기부에 '소유권이전청구권가등기'라고 표시되어 있어도, 빌려준 돈을 돌려받기 위한 가등기는 '소유권이전담보가등기'로 봅니다. 만약 오늘로가 이 집을 본등기를 하고 싶으면 내일로에게 아파트 가격의 차액인 1억 원을 더 지급해야 본등기를 할 수 있습니다. 경매에서 소유권이전담보가등기는 저당권으로 보니 저당권으로 권리분석을 하면 됩니다.

예시 3 | 소유권이전담보가등기가 있는 아파트 권리분석

순위	권리자	내용	설정일자
1	내일로	소유자	2020. 2. 1.
2	오늘로	소유권이전담보가등기	2020. 4. 1.
3	어제로	전세권설정	2020. 9. 1.
4	어제로	경매 신청	2022. 9. 1.
5	모레로	경매 낙찰로 소유권이전	2023. 7 .1.

내일로가 2020년 2월 1일 아파트를 취득합니다. 내일로가 2020년 4월 1일 오늘로에게 아파트를 매각합니다. 오늘로는 1억 원을 내일로에게 빌려주고 소유권이전담보가등기를 합니다. 2020년 9월 1일 아파트 소유자 내일로가 어제로와 전세권설정을 동의해주며 어제로가 전세자로 들어옵니다. 이후 시일이 지나 전세계약이 끝난 어제로가 아파트 소유자 내일로에게 전세금을 달라고 요구했지만, 내일로가 전세금을 주지 않아 2022년 9월 1일 아파트를 경

매로 내보냅니다. 2023년 7월 1일 모레로가 시세보다 저렴한 가격에 낙찰되어 소유권이전을 합니다. 과연 모레로는 아파트를 잘 받은 것일까요?

소유권이전담보가등기는 저당권으로 보고 권리분석을 하면 됩니다. 따라서 말소기준권리는 2020년 9월 1일, 어제로의 전세권설정일이 아닌 2020년 4월 1일, 오늘로의 소유권이전담보가등기가 됩니다. 그 이후 권리는 소멸됩니다. 시세보다 저렴하게 아파트를 매입했으니 성공적인 경매 낙찰 케이스입니다.

예시 4 | 소유권이전담보가등기가 있는 아파트 권리분석

순위	권리자	내용	설정일자
1	내일로	소유자	2020. 2. 1.
2	어제로	전세권설정	2020. 4. 1.
3	오늘로	소유권이전담보가등기	2020. 9. 1.
4	어제로	경매 신청	2022. 9. 1.
5	모레로	경매 낙찰로 소유권이전	2023. 7 .1.

소유권이전담보가등기가 말소기준권리보다 이후 순위일 때의 권리분석을 해보도록 하겠습니다. 내일로가 2020년 2월 1일 아파트를 취득합니다. 2020년 4월 1일 아파트 소유자 내일로가 어제로와 전세권설정을 동의해주며 어제로가 전세자로 들어옵니다. 내일로가 2020년 9월 1일 오늘로에게 1억 원을 빌려 소유권이전담보

경매 강사가 숨어서 읽는 이론서

가등기설정에 동의합니다. 이후 전세계약이 끝난 어제로가 아파트 소유자 내일로에게 전세금을 달라고 요구했지만, 내일로가 전세금을 주지 않아 2022년 9월 1일 아파트가 경매에 넘어갑니다. 결국 2023년 7월 1일, 모레로가 시세보다 저렴한 가격에 낙찰되어 소유권이전을 하게 됩니다. 과연 모레로는 아파트를 잘 받은 것일까요?

말소기준권리는 2020년 4월 1일, 어제로의 전세권설정일이 됩니다. 2020년 9월 1일, 오늘로의 소유권이전담보가등기는 저당권으로 보고 분석하면 되고, 후순위이기 때문에 권리는 소멸됩니다. 이 경우 역시 시세보다 저렴하게 아파트를 매입했으므로 성공적인 경매 낙찰 케이스입니다.

1) 소유권이전청구권가등기와 소유권이전담보가등기 구분하는 방법

선순위 가등기가 경매 후 낙찰자에게 인수될지, 소멸될지 판단하려면 해당 가등기가 소유권이전청구권가등기인지, 소유권이전담보가등기인지를 구분해야 합니다. 그런데 등기부등본상에는 똑같이 '소유권가등기'라고 표시되어 있습니다. 등기부등본만 보면 알 수가 없습니다.

경매로 부동산이 매각될 때는 매각 물건 명세서를 보면 알 수 있습니다. 소유권가등기의 내용, 원인, 금액 등이 자세히 기재되어 있기에 이를 확인하면 그 가등기가 소유권이전청구권가등기인지, 소유권이전담보가등기인지 파악할 수 있습니다. 또한 법원에서 경매가 개시되었으니 배당요구를 하라고 가등기권리자에게 알렸음에도 아무런 신고를 하지 않는다면 법원에서는 소유권이전청구권가등기로 보고 있습니다.

소유권이전담보가등기로 표시되어 있는 매각 물건 명세서

매각물건명세서

사 건	2023■ 한■■> 부■■	매각 물건번호	1	작성 일자	2024.05.30	담임법판 (사법보좌판)	테■	
부동산 및 감정평가액 최저매각가격의 표시	별지기재와 같음	최선순위 설정		2023.10.31. 개시결정		배당요구종기	2024.01.15	

부동산의 점유자와 점유의 권원, 점유할 수 있는 기간, 차임 또는 보증금에 관한 관계인의 진술 및 입차인이 있는 경우 배당요구 여부와 그 일자, 전입신고일자 또는 사업자등록신청일자와 확정일자의 유무와 그 일자

점유자의 성 명	점유부분	정보출처 구 분	점유의 권 원	임대차기간 (점유기간)	보 증 금	차 임	전입신고일자·외국 인등록(체류지변경 신고)일자·사업자등 록신청일자	확정일자	배당요구여부 (배당요구일자)

조사된 임차내역없음

※ 최선순위 설정일자보다 대항요건을 먼저 갖춘 주택·상가건물 입차인의 입차보증금은 매수인에게 인수되는 경우가 발생 할 수 있고, 대항력과 우선변제권이 있는 주택·상가건물 입차인이 배당요구를 하였으나 보증금 전액에 관하여 배당을 받지 아니한 경우에는 배당받지 못한 잔액이 매수인에게 인수되게 됨을 주의하시기 바랍니다.

등기된 부동산에 관한 권리 또는 가처분으로 매각으로 그 효력이 소멸되지 아니하는 것

매각에 따라 설정된 것으로 보는 지상권의 개요

비고란
1. 일괄매각
2. 본건 매각부동산의 각 등기사항전부증명서에 기입된 최선순위 소유권이전청구권가등기는 가등기권자 김건남으로부터 담보가등기로서 매각으로 인한 대금완납시 해제한다는 확약서가 제출됨.
3. 목록2 지상에 교봉호 동의 일부 군사시설이 소재함.

주1 : 매각목적물에서 제외되는 미등기건물 등이 있을 경우에는 그 취지를 명확히 기재한다.
 2 : 매각으로 소멸되는 가등기담보권, 가압류, 전세권의 등기일자가 최선순위 저당권등기일자보다 빠른 경우에는 그 등기일자를 기재한다.

출처 : 대한민국 법원 법원경매정보 사이트

경매 강사가 숨어서 읽는 이론서

2) 소유권이전청구권가등기 소멸시효

말소기준권리보다 앞에 소유권이전청구권가등기가 있으면 낙찰자는 이를 인수해야 한다고 설명했습니다. 이렇게 인수되는 소유권이전청구권가등기가 있으면, 다른 채권자나 매수인은 큰 곤란에 빠질 수 있습니다. 따라서 소유권이전청구권가등기는 가등기설정 후 10년이 지났다면 매수인은 소유권에 기한 방해배제청구로서 그 가등기권리자에 대해 본등기청구권의 소멸시효를 주장해 그 가등기의 말소를 할 수 있습니다. 경매를 통해 소멸되지는 않으므로 낙찰자가 별도로 가등기권리자를 상대로 소송을 진행해야 합니다. 주의해야 하는 것은 가등기권리자가 해당 부동산을 인도받아 점유하고 있을 때는 소유권이전청구권가등기의 소멸시효가 진행되지 않으므로 가등기가 소멸하지 않습니다.

7. 전세권

전세권은 전세금을 지급하고 타인의 부동산을 점유해 그 부동산을 사용·수익하며, 그 부동산 전부에 대해 후순위 권리자 기타 채권자보다 전세금을 먼저 받을 수 있는 권리가 있습니다(민법 제303조 제1항).

전세권은 두 가지 요인이 필요한데, 첫 번째는 임대인에게 임대계약서를 쓰고 보증금을 건네줘야 하고, 두 번째는 등기부에 전세권 등기를 해야 합니다. 이 가운데 두 번째 요건인 전세권 등기를 하지 않으면 단순한 임대차가 됩니다. 전세권과 임대차는 각기 다른 장점을 가집니다.

전세권의 가장 큰 장점은 전세 만기 후 집주인이 보증금을 반환하지 않더라도, 별도의 소송 절차 없이 곧바로 법원에 경매를 신청할 수 있다는 점입니다. 등기부에 근거가 있기 때문입니다. 또한 전세권설정 이후 다른 채권자가 경매를 신청했더라도, 전세권자는 후순위 채권자보다 우선변제를 받을 수 있습니다.

1) 전세권의 권리

경매 입찰 시 입찰자들은 경매 주택의 전세권을 어떻게 분석해야 하는지 모르는 경우가 많습니다. 매각과 동시에 소멸되는지, 아니면 낙찰자에게 인수되는지 판단하기가 너무 헷갈립니다. 전세권은 두 가지의 권리를 동시에 가지고 있기 때문에 판단이 쉽지 않습니다.

전세권의 첫 번째 특징은 주택, 빌라, 아파트 등을 사용하기 위한 권리이므로 물권의 권리 중 용익권이 있습니다. 두 번째 권리는 집주인이 만기 후에도 보증금을 돌려주지 않으면 경매를 신청할 수 있으며, 후순위 채권자들보다 먼저 배당받을 수 있는 담보권의 권리입니다.

전세권자가 주택이나 아파트, 건물 등을 사용할 수 있는 권리인 용익권을 주장하면, 경매 매각 시 매각 후에도 소멸되지 않고 낙찰자가 전세권을 인수해야 합니다. 그러나 전세권자가 보증금을 돌려받기 위해 담보권을 주장하면, 경매 낙찰 시 배당 후 소멸되어 낙찰자가 인수하지 않습니다. 전세권의 권리가 어떤 상황에서 부동산을 용익권으로 쓰는지, 담보권으로 쓰는지에 따라 권리분석이 달라집니다. 전세권은 기본적으로 집이나 건물을 임대인에게 빌려 사용하기 위한 설정된 권리인 용익권입니다. 이제 어떤 경우에 담보권이 되는지 알면 전세권의 권리분석은 어렵지 않습니다.

2) 전세권을 담보권으로 사용하는 경우

전세권을 담보권으로 사용하는 경우는 두 가지입니다. 이때는 매각 후 배당락으로 전세권의 권리가 소멸됩니다.

첫 번째는 전세권자가 배당을 요구했을 때입니다. 전세권자는 계약 기간이 끝나면 집주인에게 보증금을 돌려달라고 청구할 수 있습니다. 그런데 집주인이 전세권 이외에 다른 권리로 인해 집이 경매로 넘어가면 계약 기간이 끝나기 전이라도 전세권자가 보증금을 돌려받기 위해 관할 법원에 배당을 신청할 수 있습니다. 이 경우, 전세권은 돈을 돌려받기 위한 담보권이 됩니다. 이후 낙찰자가 낙찰대금을 내게 되면, 전세권은 전세보증금을 배당받고 소멸됩니다.

순위	권리자	내용	설정일자
1	내일로	소유자	2020. 2. 1.
2	어제로	전세권설정(1억 원) → 배당요구 종기일 이전에 배당요구	2020. 4. 1.
3	오늘로	가압류	2020. 9. 1.
4	오늘로	경매 신청	2022. 9. 1.
5	모레로	경매 낙찰(9,000만 원) → 소유권이전	2023. 7. 1.

전세권자가 배당요구를 했을 때의 권리분석을 해보도록 하겠습니다. 내일로가 2020년 2월 1일 아파트를 취득합니다. 2020년 4월 1일 아파트 소유자 내일로가 어제로와 전세권설정을 동의해주며 어제로가 전세자로 1억 원 전세를 내고 들어옵니다. 2020년 9월 1일 오늘로가 내일로에게 받을 돈이 있어 가압류를 합니다. 이후 오늘로가 가압류 후 본안 판결에 승소해 2022년 9월 1일 내일로의 아파트를 경매에 부치게 됩니다. 이때 어제로는 전세계약이 끝나지 않았지만, 법원에서 배당요구를 하라고 해서 배당요구 종기일 전에 전세금을 배당요구합니다. 이후 모레로가 2023년 7월 1일 9,000만 원에 아파트를 낙찰받습니다. 그럼 어제로의 전세금은 어떻게 될까요?

전세금을 전세권자가 배당요구를 신청했기 때문에 담보권으로 봅니다. 따라서 말소기준권리는 어제로의 전세권설정일부터 시작됩니다. 즉, 말소기준권리는 어제로의 전세권이 됩니다. 모레로가

9,000만 원에 낙찰받았기 때문에 배당할 금액은 9,000만 원입니다. 집행비와 필요비, 유익비 등 선순위로 받는 것들을 빼고 나머지 비용을 어제로가 전세권의 담보권으로 먼저 배당받습니다. 이후 나머지 권리들은 소멸입니다. 만약 전세금을 배당받았더라도 부족한 금액(1,000만 원)은 어떻게 될까요? 전 소유자 내일로에게 다시 민사소송을 제기해 받을 수밖에 없고, 낙찰자에게 인수되지 않으며 소멸이 되는 권리입니다.

두 번째는 전세권자가 경매를 신청했을 때입니다. 전세권자는 집주인에게 보증금을 돌려받지 못하면 경매를 신청할 수 있습니다. 전세권설정등기를 하는 이유 중 하나인데, 보증금을 돌려받지 못하면 바로 경매로 신청할 수 있기 때문입니다. 경매를 내보낸다는 것은 돈을 돌려달라는 말이니 전세권의 권리를 담보권으로 보게 됩니다. 이럴 때 또한 전세권은 배당을 받고 소멸이 되므로 입찰자가 인수받을 것이 없습니다.

예시 2 | 전세권자가 경매 신청 시 권리분석

순위	권리자	내용	설정일자
1	내일로	소유자	2020. 2. 1.
2	어제로	전세권설정(1억 원) → 경매 신청	2020. 4. 1.
3	오늘로	가압류	2020. 9. 1.
4	어제로	경매 신청	2022. 9. 1.
5	모레로	경매 낙찰(9,000만 원) → 소유권이전	2023. 7 .1.

전세권자가 경매 신청 시 권리분석을 해보도록 하겠습니다. 내일로가 2020년 2월 1일 아파트를 취득합니다. 2020년 4월 1일 아파트 소유자 내일로가 어제로와 전세권설정을 동의해주며 어제로가 전세자로 1억 원 전세를 내고 들어옵니다. 2020년 9월 1일 오늘로가 내일로에게 받을 돈이 있어 가압류를 합니다. 어제로의 전세계약 기간이 끝났는데 내일로가 전세금을 돌려주지 않았습니다. 어제로가 결국 2022년 9월 1일 내일로의 집을 경매에 부치게 됩니다. 이후 모레로가 2023년 7월 1일 9,000만 원에 아파트를 낙찰받습니다. 그럼 어제로의 전세금은 어떻게 될까요?

이 또한 마찬가지로 전세금을 전세권자가 경매 신청을 했기 때문에 담보권으로 봅니다. 그럼 말소기준권리는 전세권설정을 어제로부터 시작됩니다. 그렇게 해서 말소기준권리는 어제로의 전세권이 됩니다. 이후의 배당은 앞선 설명한 예시 전세권자가 배당요구 시 권리분석과 같습니다.

3) 전세권이 낙찰자에게 인수되는 경우

전세권이 낙찰자에게 인수되는 경우는 담보권이 아닌 용익권으로 남아 있을 경우입니다. 전세자권자가 배당요구를 하지 않거나 경매 신청인이 아니면 용익권으로 남아 있습니다. 이 경우, 전세권이 다른 어떤 권리보다 앞에 있어야 전세권이 낙찰자에게 인수됩니다. 이런 경우에는 낙찰자가 전세권자의 전세금을 돌려줘야 하므로, 입찰을 포기하거나 전세권자에게 돌려줄 보증금을 감안해 입찰가를 낮게 써야 합니다.

순위	권리자	내용	설정일자
1	내일로	소유자	2020. 2. 1.
2	어제로	전세권설정(1억 원) → 계약 기간 2020. 4. 1 ~ 2022. 4. 1	2020. 4. 1.
3	오늘로	가압류	2020. 9. 1.
4	오늘로	경매 신청	2022. 9. 1.
5	모레로	경매 낙찰	2023. 7 .1.

선순위 전세권자가 있는 상태에서 다른 권리자가 경매를 신청했을 때의 권리분석을 해보도록 하겠습니다. 내일로가 2020년 2월 1일 아파트를 취득합니다. 2020년 4월 1일 아파트 소유자 내일로가 어제로와 전세권설정을 동의해주며, 어제로가 전세자로 1억 원 전세를 내고 들어옵니다. 2020년 9월 1일 오늘로가 내일로에게 받을 돈이 있어 가압류를 합니다. 오늘로가 가압류 후 본안 판결에 승소해 2022년 9월 1일 내일로의 집을 경매에 부치게 됩니다. 어제로는 이 아파트에 더 머물고 싶어 법원에서 배당요구를 하라고 했지만, 배당을 요구하거나 경매로 신청하지 않았습니다. 이후 모레로가 2023년 7월 1일 아파트를 낙찰받습니다. 과연 모레로는 아파트를 잘 받은 것일까요?

모레로가 어제로의 전세금을 내어주고도 시세보다 아파트를 저렴하게 받았다고 하면 성공한 낙찰 사례가 됩니다. 하지만 전세금을 인수한다고 생각하지 않고, 낙찰금액만으로 아파트를 인수받는다고 생각했다면 실패한 투자 사례가 됩니다. 전세권이 담보권인지, 용익권인지 주의해서 분석해야 합니다.

※ 전세권을 설정할 때 주의해야 할 물건

독립공간처럼 보여도 전세권을 설정할 때 주의해야 할 물건은 단독주택이나 다가구주택입니다. 이유는 토지와 건물이 단일 소유자이기 때문입니다.

예를 들어, 단층짜리 단독주택이 있는데, 집주인이 별채 방을 세를 주고, 나머지는 직접 거주하는 경우를 생각해봅시다. 이때 세입자가 전세권을 설정했으나 집주인이 보증금을 돌려주지 않아 경매를 신청하려고 해도, 이 경우에는 경매를 신청할 수 없습니다. 토지와 건물이 별채 방과 나머지 공간으로 구분되어 있지 않기 때문입니다. 따라서 전세권으로 경매를 진행할 수 없고, 전세금을 돌려받으려면 보증금 반환청구 소송을 통해 판결문과 집행문을 받아 강제경매를 신청해야 합니다.

다가구주택 또한 마찬가지입니다. 소유권이 분리되어 있지 않아 집주인이 1층만 임대할 경우, 나머지 2층, 3층 등에는 전세권 효력이 미치지 않습니다. 집주인이 보증금을 돌려주지 않으면, 1층만 따로 경매를 신청할 수 없습니다.

8. 가처분

부동산에서 가처분이란, 금전채권 이외의 권리 또는 법률관계에 관한 보전처분입니다. 가압류는 나중에 금전, 즉 돈을 돌려받을 목적으로 그 부동산을 현재 상태에서 묶어두는 것이라면, 가처분은 본안 판결이 확정되기까지 시간이 많이 걸리기 때문에 임시로 그 지위를 고정해놓고 미래에 확정판결을 받아 집행하기 위한 조치입니다. 가압류가 채권, 즉 돈이나 돈으로 환산할 수 있는 것이 대상이라면, 가처분은 돈으로 환산이 되지 않는 모든 행위를 보존하기 위한 것입니다. 가처분은 돈을 받는 것이 목적이 아니므로 해석하기가 상당히 까다롭습니다. 말소기준으로 선순위 가처분은 인수되고, 후순위 가처분 등기는 소멸됩니다. 하지만 이것만으로는 까다롭다고 할 수 없겠지요?

가처분은 우리가 길을 걷다 보면 담벼락에 붙어 있는 'CCTV 촬영 중'이라는 안내 문구와 비슷합니다. 그 입간판을 떼어내도 CCTV가 실제로 작동하는지, 설치되어 있는지 알 수는 없습니다. 하지만 그 문구가 있으니 사람들은 그 거리에서 범법 행위를 자제하게 됩니다. 마찬가지로, 가처분이 말소기준권리 후순위에 있다고 하더라도 소멸이라고 완전히 단정을 지을 수가 없고, 낙찰자에게 인수된다고 되어 있어도 본안 소송의 다툼이 해결된 상태라면 안전하기도 합니다.

출처 : 네이버지도

※ 후순위지만 조심해야 하는 가처분

가처분이 어려운 이유는 후순위로 들어온다고 해도 소멸되지 않는 경우가 있기 때문입니다. 건물 철거 및 토지 인도 가처분, 원인무효에 의한 소유권이전등기 가처분 등은 예외적으로 소멸되지 않습니다.

예시 1 | 건물 철거 및 토지 인도 가처분

순위	권리자	내용	비고
1	내일로	토지 소유자	토지 소유자
2	어제로	건물 신축자	건물 소유자
3	A은행	건물 신축 시 돈을 빌려줌	어제로가 대여
4	내일로	건물 철거 및 토지 인도 가처부	후순위 가처분
5	A은행	건물 경매 신청	
6	모레로	건물 경매 낙찰	건물 소유자

경매 강사가 숨어서 읽는 이론서

건물 철거 및 토지 인도 가처분은 건물만 매각될 때 나옵니다. 예를 들어, 어제로가 내일로에게 토지를 임차해 돈을 빌려서 건물을 신축하고, 그 건물에 대해 A은행에게 돈을 빌려 근저당권을 설정했습니다. 그런데 건물 소유자 어제로가 내일로에게 토지 사용료를 지급하지 않으면 토지 소유자인 내일로가 건물 철거 및 토지 인도 청구 소송을 제기해 토지를 돌려달라고 할 수 있습니다. 이때 법원은 직권으로 후순위 가처분 등기를 하게 됩니다. 후순위 가처분이 설정된 후 건물 소유자 어제로가 대출금 및 이자를 상환하지 못하면, A은행은 경매를 신청하게 됩니다. 이때 모레로가 건물을 경매로 낙찰받게 되면, 후순위인 건물 철거 및 토지 인도 가처분은 소멸하지 않습니다. 이후에 후순위 가처분권자 내일로가 법원에서 승소하게 되면 낙찰받은 건물은 철거하고, 토지는 원소유자 내일로에게 인도해줘야 합니다.

예시 2 | 원인무효에 의한 소유권이전등기 가처분

순위	권리자	내용	비고
1	내일로	아파트 소유자	
2	어제로	소유권이전	사기로 소유권이전
3	모레로	소유권이전	몰랐음.
4	A은행	근저당권	모레로가 대여
5	내일로	소유권이전 등기 말소 청구 가처분	후순위 가처분
6	A은행	임의경매 신청	

내일로가 매입한 아파트가 있습니다. 이때 어제로가 문서를 위조해 내일로 명의의 아파트를 자신의 명의로 만들었습니다. 그 후 모레로는 이러한 사실을 모른 채, A은행에 대출을 받아 어제로에게 아파트 매입을 했습니다. 이 사실을 알게 된 내일로는 자신의 소유권을 찾기 위해 진정명의회복 소송을 제기하게 됩니다. 그러면 법원은 은행 근저당 후순위로 소유권이전 등기 말소청구 가처분을 후순위로 가처분 등기를 하게 됩니다. 그 뒤 A은행이 은행이자가 들어오지 않아 경매를 신청하고, 낙찰자가 나와 다른 사람의 명의가 된다고 하더라도 내일로가 법원에서 승소하면 이 아파트는 원소유자인 내일로에게 다시 돌아가게 됩니다.

9. 지상권

우리나라는 토지 소유자와 건물 소유자가 다를 수가 있습니다, 다른 사람의 토지 위에 건물이나 수목 및 공작물(경계 담장, 창고, 비닐하우스 등)을 소유하기 위해 그 토지를 사용할 수 있는 권리입니다. 예를 들어, 지인이 토지를 가지고 있는데 그 토지를 활용하지 않고 있다면, 토지 소유자의 허가를 받아 건물을 지을 수 있습니다. 이 경우 그 토지에 지상권을 설정할 수 있습니다. 지상권은 건물뿐만 아니라 창고, 가건물, 조경수, 유실수 등에도 설정할 수 있습니다. 토지 소유자의 허가를 받아 지상권 설정 계약을 하면 토지 소유자가 바뀌어도 계속 그 토지를 사용할 수 있습니다.

1) 지상권은 언제까지 사용할 수 있을까?

지상권이 설정되면 토지 주인은 자기 뜻대로 토지를 사용할 수 없습니다. 쉽게 말해, 토지 주인이 이미 건물 주인에게 임대를 주었다고 생각하면 편합니다. 토지를 다른 사람에게 양도를 할 수 있지만 토지 주인이 바뀌더라도 지상권이 있기 때문에 건물 주인은 토지 사용 권리를 계속 주장할 수 있습니다.

그럼 경매에 토지만 나오는 경우는 어떻게 될까요? 이때도 계속 건물 주인이 그 토지를 사용할 수 있을까요? 지상권이 토지 근저당보다 늦게 설정되었으면 건물의 지상권은 말소됩니다. 지상권은 담보물권이 아니므로 건물 주인이 토지 주인에게 보증금을 내고 계약 만료 후 돌려받기로 했다고 하더라도 경매에서 배당받을 수가 없습니다. 따라서 건물주가 토지주에게 보증금을 돌려받기 위해서는 별도로 보증금반환 청구 소송을 진행해야 합니다.

토지주가 아무런 빚이 없고 건물주가 이 토지에 건물을 지어 장사하고 싶어 건물을 짓는 대신 지상권을 3년 계약했다고 가정해봅시다. 계약 기간이 끝난 뒤 수억 원을 들여 지은 건물을 철거해야 된다면, 건물주의 자산에 큰 타격이 되고 국가 경제적으로도 손해가 큽니다. 이 때문에 민법은 지상권의 최단 존속 기간을 따로 규정해놓았습니다. 지상권의 최단 존속 기간은 견고한 건물, 토지에 수

목을 심은 경우에는 30년, 그 외의 가설 건물은 15년, 울타리·광고탑·굴뚝 등의 공작물은 5년입니다. 별도로 약정하지 않는 경우는 물론이고, 3년으로 서로가 합의해서 계약을 진행했더라도 최하 5년 이상 지상권을 유지할 수 있습니다.

2) 30년이 지나도 건물을 사용할 경우는?

토지주와 건물주가 다른 경우, 건물주는 지상권을 설정하고 건물을 지어 올려 임대사업을 합니다. 그런데 지상권의 30년 존속 기간이 끝나면 사용 가능한 건물을 철거해야 할까요? 사용 가능한 건물을 철거하면 국가 손실도 크고, 임료를 받을 수 있는 건물주 입장에서도 손해가 큽니다. 이처럼 지상물이 남아 있는 상태에서 기간이 만료되면 건물주는 토지주에게 두 가지 제안을 합니다.

첫 번째는 건물주가 토지주에게 지상권 설정 계약을 갱신해달라고 하는 계약 갱신 청구권입니다. 아직 건물 상태도 괜찮고 충분히 사용수익을 할 수 있으니 토지주에게 한 번 더 지상권을 설정해달라고 하는 것입니다. 토지 주인은 이 요구를 거절할 수 있습니다. 건물주는 이때 마지막 방법을 제시합니다.

두 번째는 건물주가 토지주에게 내 건물을 사라고 지상물 매수 청구권을 사용할 수 있습니다. 아직 이 건물은 사용수익이 가능하니 이 건물을 토지주가 매입하라고 하는 것입니다. 그러면 토지주 입장에서는 꼼짝없이 건물주에게서 건물을 매입할 수밖에 없습니다.

예시 1 | 지상권이 낙찰자에게 인수되는 경우

순위	권리자	내용	비고
1	내일로	토지 소유자	
2	어제로	지상권	건물 소유자
3	모레로	근저당	
4	모레로	임의경매 신청	

내일로가 매입한 토지가 있습니다. 어제로는 이 토지를 보고 상가를 지어 임대를 주면 수익을 낼 수 있겠다는 생각에 내일로에게 토지를 빌려 건물을 지어 올렸습니다. 이후 내일로 토지에 지상권을 설정했습니다. 이후 내일로가 돈이 필요해 모레로에게 돈을 빌리면서 근저당을 설정해주었습니다. 모레로가 내일로에게 돈을 갚으라고 요구했지만, 내일로가 돈을 돌려주지 않자, 모레로는 내일로의 토지를 경매 신청했습니다.

이후 다른 누군가가 낙찰을 받으면 말소기준권리에 의해 지상권은 낙찰자가 인수해야 합니다. 즉, 제삼자가 토지를 낙찰받아도 건물주 어제로의 지상권으로 낙찰자가 마음대로 사용수익을 할 수 없습니다. 상황이 이렇기에 토지가 경매에 나오면 유찰이 많이 일어날 것이고, 저렴하게 낙찰됩니다. 따라서 모레로가 토지가격만큼 내일로에게 돈을 빌려주었다고 하면 큰 손해를 보게 됩니다.

예시 2 | 지상권이 소멸되는 경우

순위	권리자	내용	비고
1	내일로	토지 소유자	
2	A은행	근저당권	
3	어제로	지상권	건물 소유자
4	A은행	임의경매 신청	

내일로가 매입한 토지가 있습니다. 토지 소유자인 내일로는 돈이 필요해 A은행에 토지를 담보로 근저당을 설정하고 돈을 빌렸습니다. 이후 이 토지 주변에 인구 유동량이 많아 어제로는 내일로에게 토지 임대료를 주고 지상권을 설정한 뒤 상가를 지어 올립니다. 그러나 내일로가 갑자기 사정이 악화되어 이자를 제대로 주지 않아 A은행은 경매를 진행했습니다. 이때 지상권은 낙찰자에게 인수되지 않고 소멸됩니다.

A은행이 근저당권을 설정할 당시에는 토지에 관련한 지상권이 없었습니다. 신의성실의 원칙에 의거해 A은행은 고의나 과실이 없는 선의의 채권자입니다. 하지만 어제로는 A은행이 근저당이 있는 것을 알고 있음에도 상가를 짓고 지상권을 설정했습니다. 이 경우, 경매 낙찰 후 지상권이 소멸되지 않으면 낙찰가격이 크게 낮아져 선의로 돈을 빌려준 A은행이 큰 피해를 보게 됩니다. 그렇기 때문에 선의의 채권자인 은행의 피해를 최소화하기 위해 지상권은 소멸

경매 강사가 숨어서 읽는 이론서

됩니다. 결국 지상권이 성립되지 않으므로 낙찰자가 건물 철거 소송을 제기하면 어제로는 건물을 철거할 수밖에 없습니다.

예시 3 | 근저당권보다 선순위로 설정되었지만 말소되는 지상권

순위	권리자	내용	비고
1	내일로	토지 소유자	
2	A은행	지상권	
3	A은행	근저당권	
4	A은행	임의경매 신청	

내일로가 매입한 토지가 있습니다. 토지 소유자인 내일로는 돈이 필요해 A은행에 토지를 담보로 근저당을 설정하고 돈을 빌렸습니다. A은행은 돈을 빌려준 토지 위에 누군가 건물을 지어 지상권을 설정하면 대출금을 회수하기가 힘들 수 있다고 생각해 근저당권과 지상권을 동시에 설정했습니다. 그런데 등기부에는 지상권이 먼저 설정되고, 그 뒤에 근저당권이 설정되었습니다. 이후 내일로가 갑자기 사정이 악화되어 이자를 제대로 주지 않아 A은행은 경매를 진행했습니다. 이때 근저당보다 앞서 설정된 지상권은 어떻게 될까요?

A은행은 돈을 제대로 받기 위해서 경매 신청을 할 때, 법원에 '지상권 말소 동의서'를 제출할 가능성이 큽니다. 지상권이 인수되면

입찰자들은 부담스러워 입찰하지 않으려 할 것입니다. 만약 A은행에서 지상권 말소 동의서를 제출하지 않았다면, 낙찰자가 낙찰 후 은행에 지상권을 말소해달라고 하면 은행은 협조하겠다고 할 것입니다. 은행이 선순위 지상권을 설정하는 이유는 건축물을 축조하려는 목적이 아니라, 채권에 대한 담보권을 강화하기 위해서입니다. 은행은 부동산을 소유하는 것보다 돈을 돌려받기를 원합니다. 자신의 목적이 달성되면 지상권을 가지고 있을 이유가 없습니다.

Tip　지역권이란?

지상권과 지역권은 혼동하기 쉽습니다. 지상권은 '사람(지상권자)'을 위해 설정하는 권리이지만, 지역권은 '토지 자체'를 위해 설정한다는 차이가 있습니다. 지역권은 타인의 토지를 자기 토지의 편익에 이용해 사용가치를 높이는 권리입니다. 지역권은 반드시 두 개의 토지의 존재를 전제로 합니다. 그중 편익을 얻는 토지를 '요역지'라고 하고, 편익을 제공하는 토지를 '승역지'라고 합니다.

예를 들어, 내일로가 길이 없는 맹지(도로와 접하지 않은 토지)를 매입했습니다. 매입한 토지 옆에는 도로에 접한 토지가 있습니다. 내일로가 자신의 땅을 이용하려면 도로에 접한 토지 주인과 협의가 되어야 합니다. 마침 이 토지는 내일로의 지인 어제로가 가지고 있습니다. 내일로는 어제로에게 지역권을 설정하자고 이야기합니다. 이때 내일로의 토지는 일정한 편익을 요구하는 토지이므로 '요역지'라고 하고, 어제로의 토지는 그 요구를 승낙한 토지이므로 '승역지'라고 합니다. 만약 경매로 지역권이 나오면 승역지를 낙찰받는 것보다 요역지를 낙찰받으면 실보다는 득이 큽니다.

경매 강사가 숨어서 읽는 이론서

Chapter 5

권리분석 2
(등기부등본으로 알 수 없는 권리)

부동산 등기부등본으로는 확인할 수 없는 권리들이 있습니다. 대표적으로 법정지상권, 유치권, 분묘기지권 등이 있으며, 그중 하나가 바로 임차권등기명령 제도입니다. 2021년에 부동산 하락장이 시작되면서 전세보증금 반환 사고가 여기저기에서 발생하고 있습니다. 이런 상황에서 임차권등기명령은 현시점에서 가장 중요한 제도이고, 꼭 알아야 하는 권리입니다.

임차권등기명령이란 임차인이 임대차 기간이 만료된 후, 임대인으로부터 보증금을 반환받지 못했을 때 임대인의 허가 없이도 임차인이 등기부등본에 임차권을 설정할 수 있는 권리입니다. 이 경우, 대항력과 우선변제권이 유지됨으로써 임차인이 다른 곳으로 이주할 수 있습니다. 임차권등기명령 제도를 제대로 이해하려면 먼저 대항력, 우선변제권, 최우선변제권, 주택임대차보호법, 상가임대차보호법을 알아야 합니다.

1. 대항력

임대차주택이 양도되거나 경매로 매각되는 등 소유권에 변동이 생기더라도, 임차인은 계약 기간을 보장받으면서 보증금도 보호받을 수 있습니다. 즉, 경매로 집주인이 바뀌어 새로운 소유자가 나타나도 임차인을 임의대로 내보낼 수 없고, 임대차 기간 종료일까지 임차인은 계약한 집에 거주할 수 있으며, 계약 기간이 끝나면 임대차보증금을 돌려받을 수 있습니다.

경매 과정에서 대항력 있는 임차인을 만날 수 있습니다. 대항력이 있는 보증금을 인수해도 실익이 날 경우 입찰하면 됩니다. 낙찰 후 임차인의 보증금을 돌려주고 매각을 진행했을 때 실익이 나지 않으면 입찰을 포기해야 합니다.

1) 대항력의 발생 시기

임차인이 주택에 실제로 거주(점유)하고 전입신고까지 마친 다음 날 0시부터 대항력이 발생합니다. 쉽게 말해, 임차인이 계약한 주택에 이사를 하고 전입신고를 한 다음 날 0시 또는 임차인이 계약한 주택에 전입신고를 하고 이사를 한 다음 날 0시부터 대항력이 발생합니다. 따라서 임차인은 계약한 주택에 점유하지 않거나 행정센터에 전입신고를 하지 않으면 대항력 요건이 성립하지 않습니다. 임차인으로 주택을 계약하면 기억하셔야 합니다. 이사를 하고 행정센터에 전입신고를 꼭 하셔야 합니다.

경매 강사가 숨어서 읽는 이론서 

2) 대항력과 말소기준의 관계

경·공매에서 대항력 요건과 대항력은 다릅니다. 대항력 요건은 앞에서 이야기한 것처럼 주택의 점유와 전입신고를 모두 마친 다음 날 0시부터입니다. 하지만 경·공매에서 단순히 요건이 맞춰졌다고 해서 임차인의 보증금이 보호되는 것은 아닙니다. 말소기준권리보다 대항력 요건이 빨라야 임차인의 대항력이 인정됩니다.

예시 1 | 주택임차인의 대항력과 말소기준 관계

순위	권리자	내용	설정일자
1	내일로	소유자	2020. 2. 1.
2	어제로	임차인 (이사+전입신고)	2020. 4. 1.
3	A은행	근저당권	2020. 9. 1.

내일로가 2020년 2월 1일 아파트를 매입했습니다. 그 이후 어제로가 내일로와 임대차계약 후 2020년 4월 1일 이사를 하고, 행정센터에 전입신고를 했습니다. 2020년 9월 1일 내일로가 돈이 필요해 A은행에 아파트를 담보로 근저당권을 설정했습니다. 만약 내일로가 A은행에 돈을 갚지 않으면 어떻게 될까요? 말소기준권리인 근저당권이 어제로의 대항력 기준일보다 늦습니다. 따라서 경매에서 누군가 이 아파트를 낙찰받게 되면, 어제로의 임차보증금을 인수하고 매입하는 것입니다. 만약 이 아파트의 시세가 1억 원이고 어

제로의 임차보증금이 5,000만 원이면, 낙찰자는 5,000만 원 이하로 매입해야 실익이 있습니다. 임차인 보증금 5,000만 원을 인수해서 돌려줘야 하기 때문이죠.

예시 2 | 임차인의 전입신고와 근저당일자가 같을 때

순위	권리자	내용	설정일자
1	내일로	소유자	2020. 2. 1.
2	어제로	임차인 (이사+전입신고)	2020. 2. 1.
3	A은행	근저당권	2020. 2. 1.

내일로가 2020년 2월 1일 아파트를 매입했습니다. 내일로는 아파트를 매입하면서 어제로와 임대차계약을 같은 날에 했고, 매입 시 돈이 부족해 A은행에 근저당을 같은 날에 설정했습니다. 이런 경우, 이 아파트가 경매에 나오게 되면 어떻게 될까요? 결론부터 말씀드리자면, 경매 낙찰자는 어제로의 임차보증금을 인수하지 않습니다. 임차인이 전입신고를 하면 행정센터에서 그 일자에 전입했다고 신고하지 않고 익일 0시, 즉 다음 날에 전입한 것으로 처리합니다.

따라서 은행 근저당과 임대차계약이 같은 날 설정되었다면, 은행 근저당이 임차인보다 먼저 효력이 발생합니다. 그 결과 은행이 우선 배당을 받아가고, 이후 권리는 모두 소멸합니다. 즉, 순서를 법적으로는 '아파트 매입 → 은행 근저당 → 어제로의 임대차계약'으로 보기 때문에, 말소기준권리 이후 권리인 임차보증금은 보호받지 못합니다.

경매 강사가 숨어서 읽는 이론서

3) 대항력으로만 보증금을 돌려받을 때

임차인이 대항력만으로 보증금을 돌려받으려면, 첫 번째 조건은 말소기준권리보다 앞서 이사와 전입신고가 완료되어야 한다는 것입니다. 이 경우 보증금은 배당이 아니라, 낙찰자가 임차인의 보증금을 인수해 직접 지급하는 방식으로 돌려받습니다. 보증금은 낙찰받은 낙찰자가 임차인 보증금을 인수해서 받은 것이기 때문에 낙찰자에게서 받아야 합니다. 가끔 배당으로 받을 수 있다고 오해하고 계시는 분들이 많은데, 선순위로 배당받기 위해서는 임차인들이 다른 요건들을 충족해야 합니다. 이사와 전입신고는 기본 전제가 됩니다. 행정센터에 확정일자를 받아야 합니다. 이후 법원에서 부동산이 경매에 나온다고 임차인에게 배당신고를 하라고 합니다. 이때 배당요구 종기일 이전에 배당을 신청해야 임차인의 보증금을 법원에서 배당받을 수 있습니다.

예시 | 대항력 있는 임차인이 있을 경우 낙찰

순위	권리자	내용	설정일자
1	내일로	소유자 : 1억 원으로 매입	2020. 2. 1.
2	어제로	임차인 : 보증금 5,000만 원 (이사+전입신고)	2020. 2. 2.
3	A은행	근저당권	2020. 3. 1.

내일로가 2020년 2월 1일, 1억 원에 아파트를 매입했습니다. 그 다음 날 2020년 2월 2일, 어제로는 보증금 5,000만 원을 내고 임차

했습니다. 이후 내일로가 2020년 3월 1일 후순위로 은행에 돈을 빌렸습니다. 내일로가 은행에 이자를 내지 않아 현재 매매가 1억 원인 아파트가 경매에 나오게 되었습니다. 낙찰자는 얼마에 낙찰을 받아야 이익을 볼 수 있을까요?

낙찰자는 대항력 있는 어제로의 임대차보증금 5,000만 원을 인수해야 합니다. 아파트 매매가가 1억 원이니 경매에서 유찰이 반복되어 5,000만 원 이하로 매입해야 낙찰자는 이익을 볼 수 있습니다.

4) 세대합가

대항력 있는 임차인을 이야기할 때는 세대합가에 주의해야 합니다. 굳이 세대주가 전입신고를 하지 않아도 세대원들이 먼저 말소기준권리보다 '이사+전입신고'를 하면 대항력이 발생합니다. 이후 세대주가 말소기준권리보다 늦게 '이사+전입신고'를 해도 세대합가로 대항력이 인정됩니다.

예시 | 세대합가로 인한 대항력

순위	권리자	내용	설정일자
1	내일로	소유자	2020. 2. 1.
2	어제로 가족 (아내+아이)	임차인	2020. 2. 5.
3	A은행	근저당권	2020. 3. 1.
4	어제로	임차인	2020. 5. 6.

내일로가 2020년 2월 1일, 1억 원에 아파트를 매입했습니다. 어제로는 2020년 2월 5일, 내일로의 아파트에 임대차계약을 했습니다. 하지만 어제로가 직장 일로 이사를 하지 못하고 아내와 아이만 먼저 아파트로 이사를 보냈습니다. 이사하는 날 행정센터에 주민등록도 이전했습니다. 이를 세대가 분가했다고 해서 '세대분가'라고 합니다. 어제로는 예전 일을 다 정리하고 석 달 뒤인 2020년 5월 6일, 가족이 있는 아파트로 이사를 하고 전입신고를 했습니다. 다시 세대가 합해졌으니 세대합가가 된 것입니다. 여기서 어제로가 임대차 기간이 끝나고 보증금을 돌려받으면 문제가 없습니다. 하지만 내일로가 어제로의 가족이 전입한 뒤 A은행에게 2020년 3월 1일에 돈을 빌려 근저당을 잡았네요. 내일로가 A은행에 이자를 납입하지 않아 이 아파트가 경매에 나오게 되면 어제로의 보증금은 어떻게 될까요?

어제로의 임대차보증금은 낙찰자가 인수하게 됩니다. 임대차계약을 한 어제로의 전입일자가 A은행 근저당일자보다 후순위라 낙찰자가 인수하지 않는다고 착각하기 쉽습니다. 하지만 임차인의 대항력은 세대주가 아니라 가장 먼저 전입신고를 한 세대원의 전입신고일을 기준으로 판단합니다. 그렇기에 임차인의 대항력은 어제로의 가족 세대원이 전입한 2020년 2월 6일 0시에 발생했습니다. 이는 A은행인 말소기준보다 선순위에 있으므로 낙찰자는 임차인의 보증금을 물어줘야 합니다. 입찰할 때 임차인의 세대합가 부분이 있는지 세심하게 확인하고 입찰해야 합니다.

5) 임차권의 양도와 전대

대항력을 가진 임차인이 임대인의 동의를 얻어 임차권을 새로운 임차인에게 양도하거나 기존 임차인이 새로운 임차인을 구해 전대(임차인이 빌린 부동산을 제삼자에게 다시 임대)하는 경우, 양수인이나 전차인이 전입신고 기간 내에 전입신고를 마치고 주택을 인도받아 점유를 진행하면 기존 임차인의 대항력을 이어받습니다.

다만 주의할 점이 있습니다. 주민센터에서 세대열람을 해도 이런 사실을 확인할 수가 없습니다. 새 임차인의 전입신고일만 나오기 때문에 기존 임차인의 대항력을 양도, 전대받은 기록은 나와 있지 않기 때문입니다.

예시 | 임차권의 양도

순위	권리자	내용	설정일자
1	내일로	소유자	2020. 2. 1.
2	A은행	근저당권	2020. 3. 1.
3	미래로	임차인	2020. 5. 1.
4	A은행	임의경매 신청	2022. 3. 1.

내일로가 2020년 2월 1일, 1억 원에 아파트를 매입했습니다. 등기부등본에는 표시되어 있지 않지만 어제로가 2020년 2월 10일, 내일로의 아파트에 전입신고를 하고 이사를 했습니다. 이후 내일로가 2020년 3월 1일, A은행에 돈을 빌려 근저당권이 잡혔습니다.

2020년 5월 1일, 어제로는 미래로에게 임차권을 양도하고 이사를 가게 되었습니다. 2022년 3월 1일에 내일로가 A은행에 이자를 갚지 않아 A은행은 임의경매 신청을 하게 되었습니다. 이때 미래로의 임차권은 매각 후 어떻게 될까요?

말소기준권리를 보면 2번 A은행 근저당권 이후의 권리들은 모두 말소가 됩니다. 그럼 미래로의 임차권 또한 당연히 소멸되어야 됩니다. 하지만 미래로의 임차권은 A은행이 근저당권을 잡기 이전에 어제로에게서 양도받은 임차권입니다. 등기부등본과 세대열람을 통해 알 수는 없지만, 미래로의 임차권은 낙찰자가 인수해야 합니다. 삭제된 어제로의 임차권을 복원해서 표를 만들면 다음과 같습니다.

순위	권리자	내용	설정일자
1	내일로	소유자	2020. 2. 1.
2	어제로 (임차권양도)	임차인	2020. 2.10.
3	A은행	근저당권	2020. 3. 1.
4	미래로	임차인	2020. 5. 1.
5	A은행	임의경매 신청	2022. 3. 1.

전대차란 임차인이 임대인에게 빌린 부동산을 제삼자에게 다시 임대해 수익을 얻는 구조입니다. 이와 관련해서 요즘 흔히 볼 수 있

는 것이 '샵인샵(Shop in Shop)' 형태입니다.

예를 들어, 어떤 사람이 상가를 임대해 미용실을 오픈했다고 합시다. 하지만 월세 부담이 커서 임대인의 허락을 받고 상가 공간 중 일부를 네일샵에 임대했습니다. 이 경우, 미용실은 전대인, 네일샵은 전차인이 됩니다. 상가 주인이 동의했으므로, 만약 이 상가가 경매에 나오게 되면 전차인인 네일샵은 원래 임차인인 미용실의 대항력을 이어받아 행사할 수 있습니다.

다만 주의할 점은, 양도·양수·전대는 개인 간의 계약이므로 낙찰자나 법원은 이러한 세부 내용을 모를 가능성이 크다는 것입니다.

2. 확정일자와 우선변제권의 이해

1) 확정일자

임차인의 권리를 더욱 보호하기 위해 정부에서 만든 것이 확정일자입니다. 확정일자는 임대차계약서를 가지고 관할 행정센터에 가면 방문한 일자로 확정일자 도장을 계약서 여백에 찍어줍니다. 확정일자가 있는 계약서는 법률상 인정되는 일자를 말합니다. 계약서에는 임대인, 임차인 당사자가 적혀 있으므로 나중에 변경하는 것이 불가능합니다. 확정일자는 임대인과 계약서를 작성하는 날 바로 신고하는 것이 좋습니다. 확정일자를 나중에 받게 되면 그만큼 배당순위가 뒤로 밀립니다.

확정일자를 받은 계약서

부동산(다가구주택) 월세 계약서

임대인과 임차인 쌍방은 아래 표시 부동산에 관하여 다음 계약 내용과 같이 임대차계약을 체결한다.

1. 부동산의 표시

소 재 지	경북 포항시 남구 오천읍 원리　　　　101호			
토 지	지 목	대	면 적	293.2 ㎡
건 물	구 조	철근콘크리트구조　용 도 다가구주택	면 적	479.63 ㎡
임대할부분			면 적	50 ㎡

2. 계약내용

제1조 [목적] 위 부동산의 임대차에 한하여 임대인과 임차인은 합의에 의하여 임차보증금 및 차임을 아래와 같이 지불하기로 한다.

보 증 금	금 삼천오백만원정	(₩35,000,000)	
계 약 금	금 삼십만원정	은 계약시에 지불하고 영수함 ※영수자	(인)
잔 금	금 삼천사백칠십만원정	은 2020년 08월 03일에 지불한다	
차 임	금	은 매월 3일 (선불) 지불한다.	

제2조 [존속기간] 임대인은 위 부동산을 임대차 목적대로 사용할 수 있는 상태로 2020년08월03일 까지 임차인에게 인도하며, 임대차 기간은 인도일로부터 2022년08월02일(24개월) 까지로 한다.

제3조 [용도변경 및 전대 등] 임차인은 임대인의 동의없이 위 부동산의 용도나 구조를 변경하거나 전대 임차권 양도 또는 담보제공을 하지 못하며 임대차 목적 이외의 용도로 사용할 수 없다.

제4조 [계약의 해지] 임차인의 차임 연체액이 2기의 차임액에 달하거나, 제3조를 위반 하였을 때 임대인은 즉시 본 계약을 해지 할 수 있다.

제5조 [계약의 종료] 임대차 계약이 종료된 경우 임차인은 위 부동산을 원상으로 회복하여 임대인에게 반환한다. 이러한 경우 임대인은 보증금을 임차인에게 반환하고, 연체 임대료 또는 손해배상금이 있을 때는 이들을 제하고 그 잔액을 반환한다.

제6조 [계약의 해제] 임차인이 임대인에게 중도금(중도금이 없을때는 잔금)을 지불하기 전까지 임대인은 계약금의 배액을 상환하고, 임차인은 계약금을 포기하고 이 계약을 해제할 수 있다.

제7조 [채무불이행과 손해배상의 예정] 임대인 또는 임차인은 본 계약상의 내용에 대하여 불이행이 있을 경우 그 상대방은 불이행 한 자에 대하여 서면으로 최고하고 계약을 해제 할 수 있다. 이 경우 계약 당사자는 계약해제에 따른 손해배상을 각각 상대방에게 청구할 수 있으며, 손해배상에 대하여 별도의 약정이 없는 한 계약금을 손해배상의 기준으로 본다.

제8조 [중개보수] 개업공인중개사는 임대인 또는 임차인의 본 계약 불이행에 대하여 책임을 지지 않는다. 또한 중개보수는 본 계약 체결에 따라 계약 당사자 쌍방이 각각 지불하며, 개업공인중개사의 고의나 과실 없이 본 계약이 무효, 취소 또는 해제 되어도 중개보수는 지급한다. 공동중개인 경우에 임대인과 임차인은 자신이 중개 의뢰한 개업공인중개사에게 각각 중개보수를 지급한다.

제9조 [중개대상물확인설명서교부 등] 개업공인중개사는 중개대상물확인설명서를 작성하고 업무보증관계증서 (공제증서 등) 사본을 첨부하여 거래당사자 쌍방에게 교부한다. (교부일자 : 2020년 08월 03일)

[특약사항]

1. 현 시설물 상태에서 임대차하며, 등기사항증명서를 쌍방이 확인하였음.
2. 임차인에게 위 부동산에 존재하는 선순위 관리(근저당권, 임대차등)가 있음을 고지함
3. 임대할 부분의 면적은 (공부상 전용면적 또는 연면적, 실측면적)이다.
4. 만기전 퇴실시 중개수료는 임차인이 지불하며 임차인을 구하고 그 임차인과 계약체결 후 임대인은 보증금을 임차인에게 반환하기로 한다.
5. 입주전 파손된 부분은 임대인이 수리 후 인계하며, 계약기간중 물리적인 기물 및 시설물 훼손시 임차인이 원상복구하여야 함.
6. 공과금(전기, 가스료)과 매월 관리비는 금오만원은 임차인이 부담한다.
7. 임차인은 퇴실시 입주시와 같이 유지되지 않을 경우 청소비용 5만원을 지급하여야 한다.
8. 계약종료전 1개월에서 3개월이내에 임차인은 임대인에게 임차계약에 대한 의사표시가 없으면 묵시적갱신으로 간주한다.
9. 옵션(가스레인지, 에어컨)
10. 임차보증금의 보전을 위해 전세권설정시 임대인은 협조하여 주기로 한다.
11. 내용외의 내용은 민법 및 일반 상관례에 따르자로 한다.

임대인 계좌번호: 농협 901010-56-　　　　고　순

> **확 정 일 자**
> 오　　천　　읍
> 20　2020. 08. 03.
> (등부번호: 18　　)

본 계약을 증명하기 위하여 계약 당사자가 이의 없음을 확인하고 각각 서명·날인한다.　2020년 08월 03일

임대인	주　소	제주특별자치도 제주시 이도이동			
	주민등록번호	561112	전화 010-7211-	성명	고　순
임차인	주　소	경북 포항시 남구 오천읍 냉천로 284번길　　호			
	주민등록번호	800611	전화 010-8542-	성명	김　진
개업공인중개사	사무소 소재지	경상북도 포항시 남구 오천읍 냉천로284번길			
	사무소 명칭	공인중개사사무소			
	전화번호	054-292-	등록번호 4711120		

KAR 한국공인중개사협회

출처 : 저자 제공

2) 우선변제권

경매 또는 공매로 부동산이 매각되면 임대차관계가 소멸이 됩니다. 이때 임대차보증금을 후순위 권리자나 기타 채권자보다 먼저 변제받을 수 있는 권리를 '우선변제권'이라고 합니다. 임차인에게 대항력이 있으면 계약 기간 동안 거주할 수 있으며, 보증금도 전액 보호받을 수 있습니다. 또, 우선변제권은 임차인 계약 기간이 남아 있을 때 사용을 포기하면 보증금을 반환받을 수 있습니다.

임차인이 우선변제권을 주장해 보증금을 법원에서 배당받기 위해서는 먼저 임차인이 이사 후 전입신고를 해야 합니다. 그 이후 행정센터에 계약서를 가지고 가서 확정일자를 받아야 합니다. 그 뒤, 임대차한 부동산이 경매나 공매에 나오게 되면 배당요구기일에 맞게 배당요구신청을 해야 합니다. 배당요구를 하지 않는 임차인은 보증금을 법원에서 보증금을 돌려받지 못합니다.

> **우선변제권을 받기 위한 순서**
> 이사 + 전입신고 대항력 요건을 갖춘다. → 확정일자를 받는다. → 법원에 배당요구를 한다.

3) 우선변제권 신고 순서로 바뀌는 권리관계

'확정일자는 채권인 임차권이 물권화되어 우선변제권이 부여되고, 후순위 권리자보다 먼저 배당을 받을 수 있다', 이렇게 외우면

무척 헷갈립니다. 이사+전입신고를 해서 물권에 대한 대항력의 요권을 갖추었는데, 확정일자로 물권화를 강화했다고 생각하면, '그럼 돈 받는 것과 무슨 상관이지?'라고 생각할 수 있습니다. 그래서 저는 '이사+전입신고를 하게 되면 임대차 물권의 권리를 가진다. 즉, 임차인의 물권을 사용할 수 있는 권리'라고 외웁니다. 확정일자는 '물권에 대한 권리를 가진 상태에서 임차보증금 채권에 대한 권리'라고 외웁니다. 배당신고는 '임차인이 물권에 대한 권리를 행사하기보다 채권, 즉 보증금 권리를 행사하는 것이니 보증금을 돌려달라'라고 외웁니다. 이렇게 정리하면 헷갈리지 않습니다.

하지만 전입신고, 확정일자, 근저당권 순서에 따라 임차인이 대항력을 가질 수도 있고, 반대로 대항력을 잃을 수도 있습니다. 또한 배당을 받을 수도 있고, 배당을 받지 못할 수도 있습니다. 신고 순서를 한번 보도록 하겠습니다.

예시 1 | 전입 > 근저당권 > 확정일자 > 배당신고 → 배당은 근저당권자가 먼저 가져가고, 임차인은 대항력이 있어 배당에서 부족 부분 매수인 인수

순위	권리자	내용	설정일자
1	내일로	임차인 전입(2억 원)	2020. 2. 1.
2	A은행	근저당권(2억 원)	2020. 2. 10.
3	내일로	임차인 확정일자	2020. 3. 1.
4	내일로 배당신고	배당요구 종기일 전 신청	2020.11. 1.
5	어제로	낙찰(3억 원)	2021. 3. 1.

소유자가 있는 아파트에 내일로가 2020년 2월 1일 보증금 2억 원을 내고 임차합니다. 이후 2020년 2월 10일, 소유자의 요청으로 A은행에서 근저당으로 2억 원을 대출해줍니다. 내일로는 2020년 3월 1일 행정센터에 확정일자를 신청합니다. 이 아파트가 경매에 나와서 내일로가 배당요구 종기 이전인 2020년 11월 1일에 배당신고를 합니다. 어제로가 이 아파트를 2021년 3월 1일에 낙찰받습니다. 이후 배당은 어떻게 될까요?

먼저 말소기준권리인 A은행이 낙찰금액 3억 원 중 2억 원을 가져갑니다. 내일로는 A은행 근저당권 이후에 확정일자를 받아 채권에 대한 권리를 확보했으므로 남은 금액 1억 원을 배당받습니다. 하지만 내일로는 먼저 전입을 했기 때문에 배당받지 못한 1억 원은 낙찰자인 어제로가 인수해야 합니다. 따라서 임차인 내일로는 보증금을 전액 회수하지만, 낙찰자 어제로는 예기치 않게 1억 원의 임차보증금을 떠안게 됩니다.

순위	권리자	내용	설정일자
1	내일로	임차인 전입(2억 원)	2020. 2. 1.
2	내일로	임차인 확정일자	2020. 2.10.
3	A은행	근저당권(2억 원)	2020. 3. 1.
4	내일로 배당신고	배당요구 종기일 전 신청	2020.11. 1.
5	어제로	낙찰(3억 원)	2021. 3. 1.

소유자가 있는 아파트에 내일로가 2020년 2월 1일 보증금 2억 원을 넣고 임차합니다. 이후 2020년 2월 10일, 내일로가 행정센터에 방문해 임차인 확정일자를 받게 됩니다. 2020년 3월 1일 소유자의 요청으로 A은행이 근저당으로 2억 원을 대출해줍니다. 이 아파트가 경매에 나와서 내일로가 배당요구 종기 이전인 2020년 11월 1일에 배당신고를 합니다. 어제로가 이 아파트를 2021년 3월 1일에 3억 원에 낙찰받습니다. 이후 배당은 어떻게 될까요?

먼저 내일로가 말소기준권리인 은행보다 대항력 여건을 먼저 만들었습니다. 그리고 은행보다 먼저 채권에 대한 권리(확정일자)를 신고했습니다. 그렇게 해서 낙찰가 3억 원 중 2억 원은 먼저 내일로가 배당을 받게 됩니다. 이후 근저당권자인 은행은 1억 원만 배당을 받게 됩니다. 낙찰자 어제로는 따로 인수할 권리는 없습니다.

순위	권리자	내용	설정일자
1	내일로	임차인 전입(2억 원)	2020. 2. 1.
2	내일로	임차인 확정일자	2020. 2.10.
3	A은행	근저당권(2억 원)	2020. 2.10.
4	내일로 배당신고	배당요구 종기일 전 신청	2020.11. 1.
5	어제로	낙찰(3억 원)	2021. 3. 1.

소유자가 있는 아파트에 내일로가 2020년 2월 1일 보증금 2억 원을 넣고 임차합니다. 2020년 2월 10일, 내일로가 행정센터에 방문해 임차인 확정일자를 받게 됩니다. 같은 날 A은행은 소유자의 요청으로 이 아파트에 근저당 2억 원을 설정하고 대출을 실행합니다. 이후 이 아파트가 경매에 나와서 내일로가 배당요구 종기 이전에 2020년 11월 1일 배당신고를 합니다. 어제로가 이 아파트를 2021년 3월 1일에 3억 원에 낙찰받습니다. 이후 배당은 어떻게 될까요?

먼저 내일로가 말소기준권리인 은행보다 대항력 여건을 먼저 만들었습니다. 그리고 은행 근저당권과 같은 날 채권에 대한 권리(확정일자)를 신고했습니다. 이렇게 되면 임차인과 은행은 서로 누가 먼저 배당을 받는지 다툴 필요가 없습니다. 채무자에게 받을 금원에 맞게 안분해 배당을 받게 됩니다. 낙찰자인 어제로가 3억 원에 매입했으니 임차인 내일로와 A은행은 각각 1억 5,000만 원씩 배당 받게 됩니다. 하지만 내일로의 대항력이 말소기준권리인 A은행보 다 선순위이므로, 낙찰자인 어제로는 배당받지 못한 임차인 내일로 의 임차보증금 5,000만 원을 인수해야 합니다.

순위	권리자	내용	설정일자
1	내일로	임차인 전입(2억 원)	2020. 2. 1.
2	내일로	임차인 확정일자	2020. 2. 1.
3	A은행	근저당권(2억 원)	2020. 2. 1.
4	내일로 배당신고	배당요구 종기일 전 신청	2020. 11. 1.
5	어제로	낙찰(3억 원)	2021. 3. 1.

소유자가 있는 아파트에 내일로가 2020년 2월 1일 보증금 2억 원 을 넣고 임차합니다. 같은 날 내일로가 행정센터에 방문해 임차인 확정일자를 받게 됩니다. 이후 2020년 2월 1일, A은행은 소유자의 요청으로 근저당을 설정하고 2억 원을 대출해줍니다. 이 아파트가 경매에 나와서 내일로가 배당요구 종기 이전인 2020년 11월 1일 배 당신고를 합니다. 어제로가 이 아파트를 2021년 3월 1일에 3억 원 에 낙찰받습니다. 이후 배당은 어떻게 될까요?

A은행에서 낙찰금액 3억 원 중 2억 원을 배당받습니다. 임차인은

2020년 2월 1일 전입신고를 했으므로 대항력은 다음 날인 2020년 2월 2일 0시에 발생합니다. A은행 근저당권 설정일보다 늦으니 A은행에서 2억 원을 배당받아가고 임차인 내일로는 낙찰금액 중 나머지 금액 1억 원을 배당받아갑니다. 만약 낙찰금액이 2억 원 이하라면 임차인은 한 푼도 받을 수가 없습니다.

예시 5 | 확정일자 > 전입 > 근저당권 > 배당신고 → 대항력 있는 임차인이 먼저 배당받고 후순위 근저당권자가 이후 배당을 받음.

순위	권리자	내용	설정일자
1	내일로	임차인 확정일자	2020. 2. 1.
2	내일로	임차인 전입(2억 원)	2020. 2.10.
3	A은행	근저당권(2억 원)	2020. 3. 1.
4	내일로 배당신고	배당요구 종기일 전 신청	2020.11. 1.
5	어제로	낙찰(3억 원)	2021. 3. 1.

소유자가 있는 아파트에 내일로가 2020년 2월 1일 임대차로 이사를 왔지만, 행정센터에 가서 확정일자만 신청합니다. 이후 전입신고를 하지 않은 사실을 인지하고 2020년 2월 10일 행정센터에 전입신고를 합니다. A은행에서 2020년 3월 1일 소유자의 요청에 따라 근저당으로 2억 원을 대출해줍니다. 이 아파트가 경매에 나와 내일로가 배당요구 종기 이전인 2020년 11월 1일에 배당신고를 합니다. 어제로가 이 아파트를 2021년 3월 1일에 3억 원에 낙찰받습

경매 강사가 숨어서 읽는 이론서

니다. 이후 배당은 어떻게 될까요?

　임차인 내일로는 채권에 대한 권리를 먼저 신청했습니다. 하지만 물권에 대한 권리인 전입을 먼저 하지 않았기 때문에 내일로의 확정일자는 물권에 대한 권리를 신고한 전입일자 2020년 2월 11일 ○○시입니다. 즉 확정일자는 전입일자보다 신고를 빨리 한다고 해도 전입일자가 신고가 된 후에야 완료됩니다. 확정일자와 전입일자 사이에 다른 권리관계가 없습니다. 이후에 A은행 근저당권이 있기 때문에 먼저 임차인 내일로가 낙찰금액 3억 원 중 2억 원을 배당받게 됩니다. 그리고 A은행에서 1억 원을 배당받게 됩니다. 낙찰자 어제로가 인수해야 할 돈은 없습니다.

예시 6 | 확정일자 > 근저당권 > 전입 > 배당신고 → 근저당권자가 먼저 배당을 받고 임차인은 대항력이 없고 이후 배당을 받음.

순위	권리자	내용	설정일자
1	내일로	임차인 확정일자	2020. 2. 1.
2	A은행	근저당권(2억 원)	2020. 2. 10.
3	내일로	임차인 전입(2억 원)	2020. 3. 1.
4	내일로 배당신고	배당요구 종기일 전 신청	2020. 11. 1.
5	어제로	낙찰(3억 원)	2021. 3. 1.

　소유자가 있는 아파트에 내일로가 2020년 2월 1일 임대차로 이사를 왔지만, 행정센터에 가서 확정일자만 신청합니다. A은행은

2020년 2월 10일 소유자의 요청에 따라 근저당으로 2억 원을 대출해줍니다. 이후 내일로는 전입신고를 하지 않은 사실을 인지하고 2020년 3월 1일 행정센터에 전입신고를 합니다. 이 아파트가 경매에 나와 내일로가 배당요구 종기 이전인 2020년 11월 1일에 배당신고를 합니다. 어제로가 2021년 3월 1일 이 아파트를 3억 원에 낙찰받습니다. 이후 배당은 어떻게 될까요?

임차인 내일로는 채권에 대한 권리를 먼저 신청했습니다. 하지만 물권에 대한 권리 전입을 먼저 하지 않았기 때문에 내일로의 확정일자는 물권에 대한 권리를 신고한 전입일자 2020년 3월 2일 ○○시입니다. 확정일자와 전입일자 사이에 A은행 근저당권이 설정되었습니다. 말소기준권에 따라 A은행에서 낙찰가 3억 원 중 2억 원을 배당받아갑니다. 내일로는 은행보다 후순위 권리자가 되어 배당금액 중 나머지 금액 1억 원을 배당받아갑니다. 어제로는 인수할 권리가 없습니다.

소유자가 있는 아파트에 내일로가 2020년 2월 1일 보증금 2억 원을 넣고 임차하면서 관할 행정센터에 전입신고와 확정일자를 받습니다. A은행에서 2020년 2월 10일 소유자의 요청에 따라 근저당으로 1억 원을 대출해줍니다. 소유자가 임차인 내일로에게 2020년

경매 강사가 숨어서 읽는 이론서 

순위	권리자	내용	설정일자
1	내일로	임차인 전입신고, 확정일자(2억 원)	2020. 2. 1.
2	A은행	근저당권(1억 원)	2020. 2.10.
3	내일로	임차인 증액(2,000만 원) 확정일자 받지 않음	2020. 3. 1.
4	내일로 배당신고	배당요구 종기일 전 신청	2020.11. 1.
5	어제로	낙찰(3억 5,000만 원)	2021. 3. 1.

3월 1일 보증금 2,000만 원을 증액해달라고 요구해 입금합니다. 이 아파트가 경매에 나와 내일로가 배당요구 종기 이전인 2020년 11월 1일에 배당신고를 합니다. 어제로가 이 아파트를 2021년 3월 1일에 3억 5,000만 원에 낙찰받습니다. 이후 배당은 어떻게 될까요?

먼저 임차인 내일로가 낙찰금액 3억 5,000만 원 중 2억 원을 배당받습니다. 그리고 은행에서 1억 원을 배당받습니다. 소유자의 요청에 의해 증액된 2,000만 원은 확정일자가 없는 관계로 우선변제가 불가합니다. 임차인 내일로가 소유자 상대로 따로 지급명령 및 보증금 반환 소송을 진행해야 합니다.

만약 보증금을 증액하고 다시 확정일자를 신청했으면 임차인 내일로는 낙찰금액 3억 5,000만 원 중 2억 원을 먼저 배당받고 은행에서 1억 원을 배당받으며, 마지막으로 임차인이 다시 2,000만 원을 배당받게 됩니다.

최우선변제권이란, 소액임차인이 주택이 경매될 때 임대차보증금 중 일정액을 최우선순위로 배당받을 수 있는 권리입니다. 이 권리를 인정받기 위한 첫 번째 조건은, 임차인이 전입신고를 하고 해당 부동산을 실제로 점유해 대항력 요건을 갖춰야 한다는 점입니다. 이렇게 되면 후순위 임차인이라도 지역에 따라 소액보증금에 맞게 임차하면 정해진 소액보증금을 돌려받을 수 있습니다. 두 번째 조건은, 반드시 배당요구 종기일 이전에 배당요구를 해야 한다는 것입니다. 소액임차인이면서 후순위 임차인일 시 배당요구를 하지 않으면 임차보증금을 한푼도 돌려받지 못할 수도 있습니다.

1) 최우선변제권과 우선변제권의 다른 점

우선변제권은 임차인의 확정일자가 없으면 배당을 받아갈 수가 없습니다. 하지만 최우선변제권은 임차인의 확정일자가 없더라도 조건이 맞으면 배당을 받아갈 수 있습니다. 또한 임대차 우선변제권은 선순위 우선변제권들이 있으면 순위에 맞게 배당을 받아갑니다. 하지만 최우선변제권은 후순위로 임차인으로 들어와도 조건이 맞으면 우선변제권들보다 먼저 배당을 받아갑니다.

예시 | 최우선변제금 배당

내일로가 서울 아파트를 2020년 2월 1일에 소유권이전합니다.

순위	권리자	내용	설정일자
1	내일로	서울 아파트 소유자	2020. 2. 1.
2	A은행	근저당권(2억 원)	2020. 2. 1.
3	어제로	임차보증금(5,000만 원)	2020. 3. 1.
4	A은행	임의경매 신청	2022. 3. 1.
5	어제로	배당요구 종기일 전 신청	2022. 8. 1.

소유권이전하는 날 돈이 부족해 A은행에 2억 원을 빌리면서 근저당을 잡습니다. 어제로가 2020년 3월 1일 보증금 5,000만 원에 임대차계약을 맺고 같은 날 전입신고를 합니다. 내일로가 A은행에 이자를 납입하지 않아 2022년 3월 1일 A은행에서 임의경매 신청을 합니다. 어제로는 확정일자를 신고하지 않았고, 2022년 8월 1일 배당요구 종기일 이전에 배당요구를 신청합니다. 낙찰자가 3억 원에 아파트를 낙찰받습니다. 이후 배당은 어떻게 될까요?

먼저 경매에 나온 부동산 물건지는 서울입니다. 어제로가 임대차보증금을 지불하고 전입신고를 한 날이 2020년 3월 1일입니다. 서울에 2018년 9월 18일부터 2021년 5월 10일까지의 소액보증금의 범위는 1억 1,000만 원 미만이면 최우선변제금이 3,700만 원입니다. 이 아파트가 3억 원에 낙찰되면 어제로가 배당요구 종기일 이전에 배당요구 신청을 했기 때문에 A은행보다 먼저 3,700만 원을 배당을 받습니다. A은행이 우선변제권이 있지만 어제로가 소액임차인으로서 최우선변제권을 가지고 있기 때문입니다. A은행은 어제로가 배당을 받고 남은 2억 6,300만 원 중 2억 원을 배당을 받습니다. 배당 후 남은 금액 6,300만 원은 소유자였던 내일로가 배당을 받습니다.

2) 최우선변제금은 배당락에서 다 받을 수 있는가?

최우선변제금은 배당 순서에서 우선변제금보다 앞서기 때문에, 만약 주택이 낙찰되어 배당금액이 최우선변제금에 해당하는 수준이라면, 선의로 돈을 빌려준 제삼자는 크게 피해를 봅니다. 그래서 법에서는 최우선변제금에도 상한선을 정해두었습니다. 최우선변제금은 우선순위 권리자보다 배당금액의 1/2을 초과할 수 없습니다.

예시 | 배당금액보다 최우선변제금이 많을 때

순위	권리자	내용	설정일자
1	내일로	서울 아파트 소유자	2020. 2. 1.
2	A은행	근저당권(2억 원)	2020. 2. 1.
3	어제로	임차보증금(5,000만 원) 배당요구 종기일 전 배당 신청	2020. 3. 1.
4	모레로	임차보증금(5,000만 원) 배당요구 종기일 전 배당 신청	2020. 3. 1.
5	오늘로	임차보증금(5,000만 원) 배당요구 종기일 전 배당 신청	2020. 3. 1.
6	그제로	임차보증금(5,000만 원) 배당요구 종기일 전 배당 신청	2020. 3. 1.
7	A은행	임의경매 신청	2022. 3. 1.

경매 강사가 숨어서 읽는 이론서

　내일로가 서울의 다가구주택을 2020년 2월 1일에 소유권이전을 합니다. 그날 돈이 부족해 A은행에서 2억 원을 빌리면서 근저당을 잡습니다. 어제로, 모레로, 오늘로, 그제로 4명의 임차인이 2020년 3월 1일 보증금 5,000만 원에 임대차계약을 맺고 같은 날 전입신고를 합니다. 내일로가 A은행에 이자를 납입하지 않아 2022년 3월 1일 A은행에서 임의경매 신청을 합니다. 4명의 임차인은 확정일자를 신고하지 않았고 배당요구 종기일 이전에 배당요구를 신청합니다. 낙찰자가 2억 원에 다가구주택을 낙찰받습니다. 이후 배당은 어떻게 될까요?

　먼저, 경매에 나온 부동산 물건지는 서울입니다. 어제로, 모레로, 오늘로, 그제로 4명의 임차인이 임대차보증금을 지불하고 전입신고를 한 날이 2020년 3월 1일입니다. 서울에서 2018년 9월 18일부터 2021년 5월 10일까지의 소액보증금 범위는 1억 1,000만 원 미만이고 최우선변제금은 3,700만 원입니다. 따라서 4명의 임차인이 최우선변제금을 모두 받아간다면, 3,700만 원×4=1억 4,800만 원이 됩니다. 그러나 낙찰금액이 2억 원이라 최우선변제금으로만 1억 4,800만 원을 지급한다면 우선변제권을 가지고 있는 A은행은 엄청난 손해를 보게 됩니다. 그렇기에 법에서 정한 한도에 따라 최우선변제금은 낙찰금액 2억 원 중 1/2인 1억 원 한도에서 배당을 받게 됩니다. 4명의 임차인이 각각 3,700만 원씩 최우선변제금을 받을 수 있으나 배당할 금액 1억 원을 초과했기 때문에 비율에 따라 안분배당을 하게 됩니다. 즉, 1억 원/4명=2,500만 원씩 각각 배당을 먼저 받습니다. 이후 남은 금액 1억 원은 A은행이 배당 받습니다.

소액임차인의 전입신고일을 확인하고, 지역별 소액임차보증금 적용 기간을 확인합니다. 임차인들의 최우선변제금을 확인 후 안분배당을 해야 합니다.

주택 소액임차인 소액임차보증금과 최우선변제액

적용기간	지역	소액보증금	최우선변제금
1984. 1. 1. ~1987.11.30	서울시 및 광역시	300만 원	300만 원
	그 밖의 지역	200만 원	200만 원
1987.12. 1. ~1990. 2.18.	서울시 및 광역시	500만 원	500만 원
	그 밖의 지역	400만 원	400만 원
1990. 2.19. ~1995.10.18.	서울시 및 광역시	2,000만 원	700만 원
	그 밖의 지역	1,500만 원	500만 원
1995.10.19. ~2001.9.14.	서울시 및 광역시	3,000만 원	1,200만 원
	그 밖의 지역	2,000만 원	800만 원
2001. 9.15. ~2008. 8.20.	수도권 과밀억제권역	4,000만 원	1,600만 원
	광역시(인천, 군 제외)	3,500만 원	1,400만 원
	그 밖의 지역	3,000만 원	1,200만 원
2008. 8.21. ~2010. 7.25.	수도권 과밀억제권역	6,000만 원	2,000만 원
	광역시(인천, 군 제외)	5,000만 원	1,700만 원
	그 밖의 지역	4,000만 원	1,400만 원
2010.7.26. ~2013.12.31.	서울	7,500만 원	2,500만 원
	수도권 과밀억제권역	6,500만 원	2,200만 원
	광역시(인천, 군 제외), 안산, 용인, 김포, 광주	5,500만 원	1,900만 원
	그 밖의 지역	4,000만 원	1,400만 원
2014. 1. 1. ~2016. 3.30.	서울	9,500만 원	3,200만 원
	수도권 과밀억제권역	8,000만 원	2,700만 원
	광역시(인천, 군 제외), 안산, 용인, 김포, 광주	6,000만 원	2,000만 원
	그 밖의 지역	4,500만 원	1,500만 원

경매 강사가 숨어서 읽는 이론서

	서울	1억 원	3,400만 원
2016. 3.31 ~2018. 9.17.	수도권 과밀억제권역	8,000만 원	2,700만 원
	광역시(인천, 군 제외), 안산, 용인, 김포, 광주, 세종	6,000만 원	2,000만 원
	그 밖의 지역	5,000만 원	1,700만 원
	서울	1억 1,000만 원	3,700만 원
2018. 9.18. ~2021. 5.10.	수도권 과밀억제권역, 용인, 화성, 세종	1억 원	3,400만 원
	광역시(인천, 군 제외), 안산, 김포, 광주, 파주	6,000만 원	2,000만 원
	그 밖의 지역	5,000만 원	1,700만 원
	서울	1억 5,000만 원	5,000만 원
2021. 5.11. ~2023. 2.20	수도권 과밀억제권역, 용인, 화성, 세종, 김포	1억 3,000만 원	4,300만 원
	광역시(인천, 군 제외), 안산, 광주, 파주, 이천, 평택	7,000만 원	2,300만 원
	그 밖의 지역	6,000만 원	2,000만 원
	서울	1억 6,500만 원	5,500만 원
2023. 2.21 ~	수도권 과밀억제권역, 용인, 화성, 세종, 김포	1억4,500만 원	4,800만 원
	광역시(인천, 군 제외), 안산, 광주, 파주, 이천, 평택	8,500만 원	2,800만 원
	그 밖의 지역	7,500만 원	2,500만 원

* 수도권 과밀억제권역(수도권계획법)
- 서울특별시
- 인천광역시-강화군, 옹진군, 중구 운남동, 운복동, 중산동, 남북동, 덕교동, 을오아동, 무의동, 서구 대곡동, 불노동, 마전동, 금곡동, 오류동, 왕길동, 당하동, 원당동, 인천경제자유구역 및 남동구국가 산업단지는 제외한다.
- 의정부시, 구리시
- 남양주시-호평동, 평내동, 금곡동, 일패동, 이패동, 삼패동, 가운동, 수석동, 지금동 및 도농동에 한한다.
- 고양시, 수원시, 하남시, 성남시, 안양시, 부천시, 광명시, 의왕시, 군포시, 시흥시(반월특수지역을 제외한다)

3) 최우선변제금을 받을 수 없을 때는?

가. 임차인이 법인일 때

법인은 법적인 사람입니다. 예를 들어, (주)○○건설, (주)○○시멘트 등 상호명 앞뒤로 '주식회사'가 붙어 있으면 법인으로 봅니다. 회사도 직원 숙소 및 사무실로 주택을 임차할 수 있습니다. 하지만 소액임차인으로 최우선변제금을 받을 수는 없습니다. 또한 개인이 아니기 때문에 전입신고도 불가능합니다. 그래서 법인은 자신의 보증금을 지키기 위해 임대인 부동산에 전세권설정을 합니다.

법인 임대차 현황

임차인 현황 말소기준일(소액) : 2013-12-16 배당요구종기일 : 2022-09-19

점유목록 ?	임차인	점유부분/기간	전입/확정/배당	보증금/차임	대항력	분석	기타
1	■■엠시트 (주)	주거용 건물전부	전입:미상 확정:미상 배당:2022-07-14	보:65,000,000원		전세권자로 순위배당 있음	선순위전세권등기자, 경매신청인

기타사항 * ■■엠시트 주식회사 : ■■엠시트 주식회사는 전세권자로서 전세권설정등기일은 2013.12.16.이며, 본건 신청채권자임.

건물등기 (채권합계금액:65,000,000원)

순서	접수일 (접수번호) +	권리종류	권리자	채권금액	비고	소멸
갑(2)	2010-12-20	소유권이전	이■런		매매 거래가액:44,000,000원	
을(7)	2013-12-16	전세권설정	■■엠시트(주)	65,000,000	말소기준등기 존속기간: 2013.12.13 ~ 2015.12.13 범위:전부	소멸
갑(3)	2014-02-27	압류	국민건강보험공단 (울산중부지사)			소멸
갑(4)	2022-07-15	임의경매	■■엠시트(주)	청구금액 65,000,000	2022타경17■■	소멸

전입, 확정 신고가 없는 법인, 출처 : 탱크옥션

나. 임차권등기명령 이후 후순위 임차인

선순위 임차인이 임대인에게 보증금을 돌려받지 못하면 해당 부동산으로 경매를 신청합니다. 선순위 임차인이 이사를 가야 할 상황이 생기면 임차권등기명령을 진행합니다. 등기부등본에 자신의 우선변제권을 강화하고 이사를 가게 되면 임차한 부동산은 빈집으로 남습니다. 임대인은 집을 놀리느니 후순위라도 임차인을 받으려고 합니다. 이때 후순위 임차로 들어온 임차인은 소액보증금이라도 최우선변제 대상이 될 수 없습니다.

경매 강사가 숨어서 읽는 이론서 

4. 임차권등기명령 제도

1) 임차권등기명령이란?

주택임대차보호법 제3조의 제3항(임차권등기명령)에 따르면, 임대차 기간이 끝난 후 보증금을 반환받지 못한 임차인은 임차주택의 소재지를 관할하는 지방법원·지방법원지원 또는 시·군 법원에 임차권등기명령을 신청할 수 있습니다.

다시 말해, 임대인과 임차인 사이에 계약 기간이 끝나면 계약 당시에는 등기부등본에 아무런 표시가 없더라도, 임대인이 보증금을 돌려주지 않을 경우, 임대인의 허가 없이도 관할 등기소에서 임차권을 등기할 수 있습니다.

** 등기부등본 을구에 표시된 주택임차권 **

| 6 | 주택임차권 | 2021년8월25일 제39499호 | 2021년8월18일 춘천지방법원의 임차권등기명령 (2021카임 █) | 임차보증금 금130,000,000원
범 위 강원도 춘천시 퇴계동 █
 현진아파트 101동 █호 전부
임대차계약일자 2019년10월17일
주민등록일자 2017년6월20일
점유개시일자 2017년6월20일
확정일자 2019년10월17일
임차권자 서█지 770512-*******
 강원도 춘천시 춘주로 150, 101동 █호
(퇴계동,현진아파트) |

주택 임차권의 표시, 출처 : 등기부등본 사이트

2) 임차권등기명령의 효력

임차권등기명령을 하면 임차인은 자유롭게 이사를 갈 수 있습니다. 임차인이 해당 부동산에 전입신고를 하지 않거나 실제로 살지 않아도, 또한 확정일자를 받지 않아도 대항력과 우선변제권이 유지됩니다. 즉, 기존의 대항력과 우선변제권이 바뀌지 않는다는 뜻입니다. 임차권등기명령 전 확정일자를 받았다면 그 확정일자 역시 기존 날짜 그대로 이어지는 것으로 봅니다.

다만, 임차권등기가 등기부에 기재되기 전에 먼저 이사를 가면 임차권등기와 동시에 대항력과 우선변제권이 기존 것들이 아닌 새로 생긴 것으로 보고, 배당순위가 후순위로 밀려납니다. 그러므로 새로운 곳에 전입신고 전에 임차권등기가 등기부에 제대로 기재되었는지 확인한 후에 이사한 곳에 전입신고를 하세요.

예시 | 임차권등기의 효력

순위	권리자	내용	설정일자
1	내일로	임차인 전입신고, 확정일자(2억 원)	2020. 2. 1.
2	A은행	근저당권(2억 원)	2020. 3. 1.
3	내일로	임차권등기명령	2022. 5. 1.

소유자가 있는 아파트에 내일로가 2020년 2월 1일 보증금 2억 원을 넣고 임차하면서 관할 행정센터에 전입신고, 확정일자를 받습니다. 이후 A은행이 2020년 3월 1일 소유자의 요청으로 근저당 2억 원을 설정해 대출해줍니다. 그러나 계약 기간이 끝났을 때 소유자는 임차인 내일로에게 보증금 2억 원을 돌려주지 않았습니다. 이에 내일로는 2022년 5월 1일 임차권등기명령을 신청하고, 같은 날 해당 부동산에 대해 경매

경매 강사가 숨어서 읽는 이론서

를 신청한 후 다른 곳으로 이사를 갑니다. 이후 배당은 어떻게 될까요?

해당 부동산이 3억 원에 낙찰받아 소유권이전을 하면 2022년 5월 1일 임차인 내일로가 임차권등기명령을 신청했기 때문에 2020년 2월 1일 기존 대항력과 우선변제권을 인정받아 임차인 내일로가 2억 원을 먼저 배당받고, 나머지 1억 원은 후순위 A은행이 받습니다. 중요한 것은 임차권등기 효력은 임임차권 등기 완료 시점부터 발생하므로 임차권등기명령 신청 후 바로 이사나 전출을 가면 안 됩니다.

3) 임차권등기명령 후 소액임차인이 전입한 경우

후순위로 전입한 소액임차인은 선순위 주택임차권등기가 말소되지 않는 한, 보증금이 소액이더라도 최우선변제권은 없습니다. 순위에 따른 우선변제권만 가질 뿐입니다. 다시 말해, 선순위 임차인이 계약 기간이 끝나고 보증금을 받지 못한 채 이사를 가면서 임차권등기를 한 상태라면, 그 이후에 들어온 후순위 임차인은 보증금이 소액이더라도 최우선변제금을 받을 수 없습니다. 선순위 권리 배당이 끝난 후 남은 금액이 있을 때만 순위에 맞게 배당을 받을 수 있습니다.

예시 | 후순위 소액임차인

순위	권리자	내용	설정일자
1	내일로	임차인 전입신고, 확정일자(2억 원)	2020. 2. 1.
2	내일로	임차권등기명령	2020. 3. 1.
3	어제로	소액임차인(1,000만 원)	2022. 5. 1.

소유자가 있는 아파트에 내일로가 2020년 2월 1일 보증금 2억 원을 넣고 임차하면서 관할 행정센터에 전입신고와 확정일자를 받습니다. 그러나 계약 기간이 끝났음에도 소유자는 임차인 내일로에게 보증금 2억 원을 돌려주지 않았습니다. 이에 내일로는 2022년 3월 1일, 임차권등기명령을 신청하고, 해당 부동산에 대해 경매를 신청한 뒤 이사를 나갔습니다. 아파트 소유자는 집이 비어 있는 것이 아쉬워 어제로에게 보증금 1,000만 원에 월세를 받고 다시 임대합니다. 이후 배당은 어떻게 될까요?

해당 부동산이 3억 원에 낙찰받아 소유권이 이전되었다고 하면 2022년 5월 1일에 임차권등기명령을 한 내일로가 선순위 임차인이므로 먼저 2억 원을 배당받습니다. 이후 후순위 임차인인 어제로에게 1,000만 원이 배당되고, 나머지 9,000만 원은 소유자에게 배당합니다. 만약 해당 부동산이 2억 원에 낙찰되었다고 한다면 선순위 임차인인 내일로만 2억 원 배당을 받고 후순위 임차인인 어제로는 배당을 받을 수 없습니다.

4) 매각 후 임차권등기 보증금을 전액 배당받지 못할 경우

임차권등기명령은 전월세 보증금을 돌려받기 위해 등기부등본에 기재합니다. 하지만 돈이 목적인 권리가 아닙니다. 임차인의 지위를 보존시키면서 대항력을 유지하는 게 가장 큰 목적입니다. 그러므로 해당 부동산이 경매로 매각된 후에는 그 권리가 낙찰자에게 인수됩니다. 임차권등기보다 선순위 말소기준권리가 있거나 임차권이 선순위일 때 매각 후 배당으로 보증금을 모두 돌려받았다면 권리가 소멸됩니다. 그래서 입찰자는 선순위 임차권등기가 해당 부동산에 있으면 그 임차인이 배당요구 종기일 이전에 배당요구를 했는지 반드시 확인해야 합니다. 낙찰가는 임차인이 보증금을 모두 돌려받을 수 있도록 임차인 보증금 이상으로 입찰해야 합니다. 만약 임차인이 보증금을 배당으로 돌려받지 못하면 임차인의 대항력은 그대로 유지됩니다.

매각 물건 명세서에 표시된 소멸되지 않는 임차권 권리

춘 천 지 방 법 원

2024타경▒▒▒

매각물건명세서

사 건	2024타경51▒▒ 부동산강제경매		배각물건번호	1	작성일자	2024.09.03	담입법관 (사법보좌관)	이▒찬
부동산 및 감정평가액 최저매각가격의 표시	별지기재와 같음		최선순위 설정		2019. 10. 23. 근저당권		배당요구종기	2024.07.11

부동산의 점유자와 점유의 권원, 점유할 수 있는 기간, 차임 또는 보증금에 관한 관계인의 진술 및 임차인이 있는 경우 배당요구 여부와 그 일자, 전입신고일자 또는 사업자등록신청일자와 확정일자의 유부와 그 일자

점유자 성 명	점유 부분	정보출처 구 분	점유의 권 원	임대차기간 (점유기간)	보 증 금	차 임	전입신고 일자·외국인 등록(체류지 변경신고)일 자·사업자등 록신청일자	확정일자	배당 요구여부 (배당요구일자)
서▒지	건물 전부	등기사항 전부증명서	주거 임차권자	2017.06.20.-	130,000,000		2017.06.20.	2019.10.17.	

<비고>
서▒지:주택도시보증공사는 대위변제에 의해 임차권자(서▒지)의 우선변제권을 승계한 채권자임.

※ 최선순위 설정일자보다 대항요건을 먼저 갖춘 주택·상가건물 임차인의 임차보증금은 배수인에게 인수되는 경우가 발생 할 수 있고, 대항력과 우선변제권이 있는 주택·상가건물 임차인이 배당요구를 하였으나 보증금 전액에 관하여 배당을 받지 아니한 경우에는 배당받지 못한 잔액이 배수인에게 인수되게 됨을 주의하시기 바랍니다.

등기된 부동산에 관한 권리 또는 가처분으로 배각으로 그 효력이 소멸되지 아니하는 것

을구 순위 6번 주택임차권등기(임대차보증금 130,000,000원, 전입일 : 2017. 6. 20, 확정일자 2019. 10. 17.) 배당에서 보증금이 전액 변제되지 아니하면 잔액을 배수인이 인수함

배각에 따라 설정된 것으로 보는 지상권의 개요

해당사항없음

비고란
- 을구 순위 6번 주택임차권등기(임대차보증금 130,000,000원) 배당에서 보증금이 전액 변제되지 아니하면 잔액을 배수인이 인수함

주1 : 배각목적물에서 제외되는 미등기건물 등이 있을 경우에는 그 취지를 명확히 기재한다.
　2 : 배각으로 소멸되는 가등기담보권, 가압류, 전세권의 등기일자가 최선순위 저당권등기일자보다 빠른 경우에는 그 등기일자를 기재한다.

출처 : 대한민국 법원 법원경매정보 사이트

5) 임차권등기명령 가능한 범위

임차권등기명령은 실질적으로 주거용으로 사용하고 있다면 가능합니다. 주택은 물론 건축물대장에 공장, 사무실, 상가, 오피스텔 등 비주거용으로 표시되어 있어도 내부 구조를 변경해 주거용으로 사용하고 있으면 임차권등기명령을 할 수 있습니다. 다가구주택도 주택의 일부분만 임차한 경우지만 임차권등기명령이 가능합니다. 임차권등기명령은 주민등록 요건이 아니기 때문에 주거용이 아니어서 전입신고를 할 수 없더라도 신청할 수 있습니다.

6) 강화된 임차권

임차인의 권리를 한층 더 강화하기 위해 말소기준권리인 전세권설정보다 후순위로 전입했더라도 임차인 대항력을 보존하게 되었습니다. 민사집행법 제91조 4항에 의하면 '전세권자가 배당요구를 하면 매각으로 소멸된다'라고 나와 있습니다.

민사집행법

제91조(인수주의와 잉여주의의 선택 등)

① 압류채권자의 채권에 우선하는 채권에 관한 부동산의 부담을 매수인에게 인수하게 하거나, 매각대금으로 그 부담을 변제하는 데 부족하지 아니하다는 것이 인정된 경우가 아니면 그 부동산을 매각하지 못한다.

② 매각 부동산 위의 모든 저당권은 매각으로 소멸된다.

③ 지상권·지역권·전세권 및 등기된 임차권은 저당권·압류채권·가압류채권에 대항할 수 없는 경우에는 매각으로 소멸된다.

④ 제3항의 경우 외의 지상권·지역권·전세권 및 등기된 임차권은 매수인이 인수한다. 다만, 그중 전세권의 경우에는 전세권자가 제88조에 따라 배당요구를 하면 매각으로 소멸된다.

⑤ 매수인은 유치권자(留置權者)에게 그 유치권(留置權)으로 담보하는 채권을 변제할 책임이 있다.

하지만 요즘 판례는 임차인이 전세권설정 이후 전입신고를 하고 점유하면 전세권으로 배당을 요구해도 대항력을 인정해주고 있습니다. 입찰자로서는 혼돈의 연속입니다. 선순위 전세권자가 배당을 요구해 낙찰자가 낙찰받고 소유권이전을 했는데 전세권자의 미배당된 보증금을 낙찰자가 인수하느냐, 말소하느냐에 관해서도 각 법원에서 다르게 판결을 내렸습니다. 선순위 전세권 이후 임차인 전입신고는 항상 주의를 요구하는 임차권입니다.

대법원 2008마212결정, 대법원 2010마900 결정

구분	대법원 2008마212결정	대법원 2010마900 결정
사건 번호	2007타경 11477 대구지방법원	2008타경 4105 부산지방법원
임차보증금	55,000,000원	50,000,000원
낙찰금액	27,830,000원	31,220,000원
임차인 미배당금	27,170,000원	18,780,000원
권리관계	A전세권 → A전입신고 → A확정일자 → B근저당권 → A임의경매	A전세권 → A확정일자 → A전입신고 → B가압류 → B강제경매
배당요구	전세권에 의한 배당요구함.	전세권에 의한 배당요구함.
대법원 결정문 요약	경매 매각으로 전세권이 말소기준 권리다. 임차인의 대항력은 전세권설정의 익일이기에 A전세권자는 전세금 전액을 배당받지 못하더라도 임차인의 지위로서 낙찰자에 대항할 수 없다.	전세권자가 배당요구를 하면 전세권은 소멸하나 임차인의 대항력은 소멸하지 않기에 전세권자가 전세금 전액을 배당받지 못하면 미배당 전세금은 낙찰자가 인수한다.
결론	임차인 미배당금 낙찰자가 인수할 필요 없음.	임차인 미배당금 낙찰자 인수

순위	권리자	내용	설정일자
1	내일로	전세권설정(2억 원)	2020. 2. 1.
2	내일로	전입신고, 확정일자	2020. 2. 2.
3	A은행	근저당권(5,000만 원)	2020. 3. 1.
4	A은행	임의경매 신청	2022. 3. 1.
5	내일로	배당요구 종기일 전 신청	2022. 8. 1.

소유자가 있는 아파트에 내일로가 2020년 2월 1일에 보증금 2억 원을 넣고 임차하면서 전세권설정을 합니다. 그리고 2020년 2월 2일에는 행정센터에 방문해 전입신고와 확정일자를 받습니다. 그 후 2020년 3월 1일, 소유자가 A은행으로부터 근저당으로 5,000만 원을 대출받습니다. 하지만 소유자가 A은행에 이자를 납입하지 않아 A은행에서 2022년 3월 1일 임의경매 신청을 합니다. 임차인 내일로는 배당요구 종기 이전인 2022년 8월 1일에 배당신고를 했고, 낙찰자는 이 아파트를 1억 원에 낙찰받습니다. 이후 배당은 어떻게 될까요?

임차인 내일로의 전세권설정이 선순위입니다. 따라서 내일로가 전세권에 기해 배당요구를 했으므로 낙찰가 1억 원은 내일로가 모두 배당을 받고, 후순위 임차권과 은행은 소멸되는 것이 원칙입니다. 하지만 대법원 2010마900 판결에 따르면, 전세권자도 내일로이고 대항력 요건을 맞춘 임차인도 내일로이기 때문에 전세권설정에 의한 배당요구로 낙찰가 1억 원은 내일로가 배당받더라도 남은 임차보증금 1억 원은 낙찰자가 인수해야 합니다.

따라서 이러한 물건은 입찰 시 반드시 주의해야 합니다.

7) 임차권의 우선변제권은 몇 회까지 적용될까?

임차인이 있는 부동산이 경매에 나왔습니다. 임차인은 전입신고, 확정일자, 배당요구 신고까지 모두 완료했습니다. 경매에 나온 부동산을 누군가가 낙찰받았습니다. 낙찰자가 잔금 납부를 하면 임차인은 우선변제권으로 순위에 맞게 배당을 받아갑니다. 하지만 매각 금액이 임차인 보증금보다 적어 임차인이 일부 배당금을 받지 못하게 되면, 해당 부동산이 다시 경매에 나오게 됩니다. 이때 임차인이 다시 배당요구 신고를 해도 임차인의 우선변제권은 사용할 수 없습니다. 최초 선행 경매에서 배당지위를 사용하면 후행 경매에서 배당요구를 신청해도 법원에서 받아주지 않습니다. 우선변제권은 1회만 사용할 수 있다는 것에 유의해야 합니다.

대법원 2006. 2.10. 선고2005다21166 판결

【판시사항】

[1] 대항력과 우선변제권을 겸유하고 있는 임차인이 임대인을 상대로 보증금반환청구 소송을 제기해 승소판결을 받고 그 확정판결에 기해 강제경매를 신청했으나 그 경매 절차에서 보증금 전액을 배당받지 못한 경우, 후행 경매 절차에서 우선변제권에 의한 배당을 받을 수 있는지 여부(소극)

[2] 주택임대차보호법 제3조의5 단서에서 말하는 경락에 의해 소멸하지 아니하는 임차권의 내용에 대항력뿐만 아니라, 우선변제권도 포함되는지 여부(소극)

【판결요지】

[1] 주택임대차보호법상의 대항력과 우선변제권의 두 가지 권리를 함께 가지고 있는 임차인이 우선변제권을 선택해 제1경매 절차에서 보증금 전액에 대해 배당요구를 했으나 보증금 전액을 배당받을 수 없었던 때에는 경락인에게 대항해 이를 반환받을 때까지 임대차관계의 존속을 주장할 수 있을 뿐이고, 임차인의 우선변제권은 경락으로 인해 소멸하는 것이므로 제2경매 절차에서 우선변제권에 의한 배당을 받을 수 없는바, 이는 근저당권자가 신청한 1차 임의경매 절차에서 확정일자 있는 임대차계약서를 첨부하거나 임차권등기명령을 받아 임차권등기를 했음을 근거로 해 배당요구를 하는 방법으로 우선변제권을 행사한 것이 아니라, 임대인을 상대로 보증금반환청구 소송을 제기해 승소 판결을 받은 뒤 그 확정판결에 기해 1차로 강제경매를 신청한 경우에도 마찬가지다.

[2] 보증금이 전액 변제되지 아니한 대항력 있는 임차권은 소멸하지 아니한다는 내용의 주택임대차보호법 제3조의5 단서를 신설한 입법 취지가 같은 법 제4조 제2항의 해석에 관한 종전의 대법원 판례(대법원 1997. 8. 22. 선고 96다53628 판결 등)를 명문화하는 데에 있는 점 등으로 보아, "임대차가 종료된 경우에도 임차인이 보증금을 반환받을 때까지 임대차관계는 존속하는 것으로 본다"라고 규정한 같은 법 제4조 제2항과 동일한 취지를 경락에 의한 임차권 소멸의 경우와 관련해 주의적·보완적으로 다시 규정한 것으로 보아야 하므로, 소멸하지 아니하는 임차권의 내용에 대항력뿐만 아니라, 우선변제권도 당연히 포함되는 것으로 볼 수는 없다.

순위	권리자	내용	설정일자
1	내일로	전입신고(2억 원)	2020. 2. 1.
2	A은행	근저당권(5,000만 원)	2020. 3. 1.
3	내일로	확정일자	2020. 4. 1.
4	어제로	낙찰 후 소유권이전(2,000만 원)	2022. 3. 1.
5	B은행	근저당권(1,000만 원)	2022. 4. 1.
6	오늘로	낙찰(2억1,000만 원)	2023. 3. 1.

소유자가 있는 아파트에 내일로가 2020년 2월 1일에 보증금 2억 원을 넣고 임차하면서 전입신고만 합니다. A은행에서 2020년 3월 1일 소유자의 요청에 따라 근저당으로 5,000만 원을 대출해줍니다. 내일로가 2020년 4월 1일 확정일자를 신고합니다. 이때 은행 대출로 해당 부동산이 경매에 나가게 되고, 내일로는 배당요구기일에 맞게 배당 신청을 합니다. 이 아파트가 시세 3억 원인 것을 감안해 어제로가 2022년 3월 1일 2,000만 원에 낙찰받습니다. 임차인인 내일로의 확정일자가 A은행 근저당보다 늦어 낙찰 시 어제로가 임차인 대항력 2억 원을 인수해야 하기 때문입니다. 소유권이전이 되었으니 2,000만 원 배당받은 A은행 근저당은 등기부등본에서 삭제됩니다. 어제로는 소유권이전 후 2022년 4월 1일 B은행에서 1,000만 원 대출을 받습니다. 하지만 어제로가 몇 달 동안 B은행에 이자를 납입하지 않아 해당 부동산은 다시 경매에 나오게 됩니다. 임차인

내일로는 보증금 2억 원에 대해 다시 배당요구 신청을 합니다. 그리고 2023년 3월 1일 오늘로가 시세 3억 원 아파트를 2억 1,000만 원에 낙찰을 받습니다. 이후 배당은 어떻게 될까요?

해당 부동산은 선행 경매에서 이미 임차인이 배당요구 신청을 했기 때문에 후행 경매에서 배당요구 신청은 받아들여지지 않습니다. 하지만 임차인의 대항력은 그대로 유지되기 때문에 낙찰자는 2억 원을 무조건 인수해야 하는 상황입니다. 낙찰자 오늘로는 2억 1,000만 원에 낙찰을 받아 소유권이전을 하게 되면 B은행에서 1,000만 원을 배당받고, 나머지 금액 2억 원은 소유자인 어제로가 배당을 받아가게 됩니다.

5. 상가임대차보호법

1) 상가임대차 적용 범위

상가건물임대차보호법의 적용 대상이 되는 건물은 사업용이나 영업용 건물이어야 합니다. 해당 대상은 사업자등록을 할 수 있는 자연인 또는 법인입니다. 따라서 비영리단체, 동창회 사무실, 교회, 자선단체 등의 친목 모임 사무실은 사업자등록을 하지 않았다면 법의 보호를 받지 못합니다. 또한, 상가건물임대차보호법은 임대차보증금의 한도를 규정해 그 안의 보증금에 대해서만 보호합니다. 보증금이 큰 임차인은 상가건물임대차보호법으로 지켜줘야 할 사회적 약자가 아니라는 뜻입니다.

2) 상가임대차보호법이 적용되는 보증금

구분	적용지역	보증금
1	서울특별시	9억 원
2	과밀억제권역, 부산	6억 9,000만 원
3	광역시(부산, 인천 제외), 안산, 용인, 김포, 광주, 파주, 화성, 세종	5억 4,000만 원
4	그 밖의 지역	3억 7,000만 원

보증금은 대통령이 정하는 보증금액을 초과하는 임대차에는 상가임대차보호법이 적용되지 않습니다. 상가임대차계약을 할 때는 보증금과 월세를 함께 지불하는데, 이때 월세도 환산해 보증금으로 계산해야 합니다. 환산보증금은 월세에 100을 곱해 환산합니다. 따라서 상가임대차계약 시 보증금과 환산보증금을 더해 보증금액을 초과하지 않아야 보장받습니다.

예시 | 서울 상가 보증금 3억 원에 월세 700만 원 계약한 임차인은 상가임대차보호법에 적용이 되는가?

임차인이 월세를 내고 있으니 월세 700만 원에 100을 곱해 환산보증금을 계산합니다. 그리고 보증금 3억 원을 더합니다.

(월세 700만 원×100)+3억 원 = 10억 원

임차인의 보증금을 계산하니 10억 원이 나옵니다. 이 경우에는 상가임대차보호법이 적용되지 않습니다.

3) 상가임차인의 우선변제권

상가를 임차한 사람이 사업자등록을 신청하고 입주하면 그다음 날 0시에 대항력이 생깁니다. 이는 주택임차권과 같은 대항력의 효력이 발생하는 것입니다. 보증금을 초과하는 임대차의 경우에도 적용이 되며, 최소 10년간 계약갱신요구권도 보장받을 수 있습니다. 단, 특정 상가의 경우는 예외입니다. 백화점, 대형마트, 쇼핑센터 등은 해당되지 않습니다. 특정 상가는 목적물에 임대차계약을 체결한 것이 아닌 입점한 상가의 물품을 매각하는 영업 매출 비율로 매출 이익분을 나누어 가집니다. 특수 상권이라고 하는데, 입점한 상가에서 제삼자에게 위탁운영 및 전대차를 할 수 있는 권한이 없습니다.

상가임차인은 관할 세무서에 사업자등록을 신청하고, 임대차계약서에 확정일자를 받으면 경매에서 우선변제권이 생깁니다. 사업자등록이 없고 확정일자를 받으면 우선변제권이 적용되지 않습니다.

4) 상가임차인의 최우선변제금

상가의 소액임차인도 최우선변제권이 있습니다. 다만 상가건물 임대차에서는 건물가액의 1/2을 초과할 수 없습니다. 상가임차인의 배당액은 실제 보증금을 기준으로 합니다. 예를 들어, 보증금 500만 원, 월세 30만 원인 임대차라면 환산보증금으로는 (월세 30만 원×100)+보증금 500만 원=3,500만 원이지만, 실제 배당을 받을 수 있는 금액은 500만 원입니다.

<h2 style="text-align:center">상가소액임차인 소액임차보증금과 최우선변제액</h2>

적용기간	지역	소액보증금	최우선변제금
2002.11.11. ~2008. 8.20	서울	4,500만 원	1,350만 원
	수도권 과밀억제권역	3,900만 원	1,170만 원
	광역시(인천, 군 제외)	3,000만 원	900만 원
	그 밖의 지역	2,500만 원	750만 원
2008. 8.21. ~2010. 7.25	서울	4,500만 원	1,350만 원
	수도권 과밀억제권역	3,900만 원	1,170만 원
	광역시(인천, 군 제외)	3,000만 원	900만 원
	그 밖의 지역	2,500만 원	750만 원
2010. 7.26 ~2013.12.31.	서울	5,000만 원	1,500만 원
	수도권 과밀억제권역	4,500만 원	1,350만 원
	광역시(인천, 군 제외), 수도권 과밀억제권역 아닌 인천(군 제외), 안산, 용인, 김포, 광주	3,000만 원	900만 원
	그 밖의 지역	2,500만 원	750만 원
2014. 1. 1. ~2018. 1.25.	서울	6,500만 원	2,200만 원
	수도권 과밀억제권역	5,500만 원	1,900만 원
	광역시(인천, 군 제외), 수도권 과밀억제권역 아닌 인천(군 제외), 안산, 용인, 김포, 광주	3,800만 원	1,300만 원
	그 밖의 지역	3,000만 원	1,000만 원
2018. 1.26. ~2019. 4. 1	서울	6,500만 원	2,200만 원
	수도권 과밀억제권역, 부산	5,500만 원	1,900만 원
	광역시(부산, 인천 제외), 수도권 과밀억제권역 아닌 인천(군 제외), 안산, 용인, 김포, 광주, 파주, 화성, 세종	3,800만 원	1,300만 원
	그 밖의 지역	3,000만 원	1,000만 원
2019. 4. 2. ~	서울	6,500만 원	2,200만 원
	수도권 과밀억제권역, 부산	5,500만 원	1,900만 원
	광역시(부산, 인천 제외), 수도권 과밀억제권역 아닌 인천(군 제외), 안산, 용인, 김포, 광주, 파주, 화성, 세종	3,800만 원	1,300만 원
	그 밖의 지역	3,000만 원	1,000만 원

* 2015년 5월 13일 이후 임차인은 대항력, 계약갱신청구권, 권리금 보호 규정 등은 환산보증금 초과 시에도 적용

순위	권리자	내용	설정일자
1	내일로	상가전입신고(1,000만 원, 월세 80만 원)	2020. 2. 1.
2	A은행	근저당권(5,000만 원)	2020. 3. 1.
3	내일로	확정일자	2020. 4. 1.
4	어제로	낙찰(4,000만 원)	2022. 3. 1.

서울 작은 상가에 내일로가 2020년 2월 1일 보증금 1,000만 원에 월세 80만 원으로 상가임차계약을 합니다. A은행에서 2020년 3월 1일 소유자의 요청에 따라 근저당으로 5,000만 원을 대출해줍니다. 내일로가 2020년 4월 1일 확정일자를 신고합니다. 소유자가 은행 이자를 지불하지 않아 이 상가가 경매에 나갑니다. 어제로는 2022년 3월 1일 4,000만 원에 이 상가를 낙찰받습니다. 이때 배당은 어떻게 될까요?

내일로가 임차할 시점인 2020년 2월은 서울 상가 소액보증금이 6,500만 원입니다. 소액보증금이 6,500만 원 이하니 내일로가 배당 요구 신청을 했으면 1,000만 원을 최우선변제금으로 배당받을 것으로 착각할 수 있습니다. 하지만 내일로가 내는 월세가 80만 원이므로 환산보증금은 (월세 80만 원×100)+보증금 1,000만 원=9,000만 원입니다. 최우선변제금에 해당되지 않으므로 어제로의 낙찰금액 4,000만 원은 은행이 전부 배당받습니다. 내일로의 임차보증금 1,000만 원은 대항력이 있어서 낙찰자 어제로가 인수해야 합니다.

Chapter 6

권리분석 3
(특수물건)

1. 대지권과 집합건물

대지권이 미등기인 건물은 집합건물에서 볼 수 있습니다. 집합건물이란 하나의 건물 안에서 구조상 구분된 여러 부분이 독립된 건물처럼 사용될 수 있는 것을 말합니다. 예를 들어 아파트, 아파트형공장, 오피스, 오피스텔, 연립주택, 다세대주택 등이 해당됩니다.

집합건물은 전유 부분, 공유 부분, 대지 지분으로 나누어집니다. 집합건물의 등기부등본을 열람해보면, 표제부는 하나의 건물의 표제부와 전유 부분 표제부로 나누어져 있습니다. 전유 부분은 각 호실의 표제부이며, 건물의 표시와 대지권의 표시로 구분됩니다. 전유 부분은 단독 소유권이 인정되는 부분이며, 공유 부분은 엘리베이터, 복도, 계단, 지하 주차장 등 공동으로 소유하고 있는 부분입

집합건물의 등기부등본 표시

[집합건물] 인천광역시 동구 만석동 122 만석비치타운주공아파트 제□□동 제4층 제□□호

【 표 제 부 】	（1동의 건물의 표시 ）			
표시번호	접　수	소재지번，건물명칭 및 번호	건　물　내　역	등기원인 및 기타사항
~~1~~	~~2002년12월28일~~	~~인천광역시 동구 만석동□□ 만석비치타운주공아파트 제□□동~~	~~철근콘크리드벽식구조 경사지붕 20층 아파트 지하층 37.120m²~~ ~~1층 158.850m²~~ ~~2층 214.503m²~~ ~~3층 214.503m²~~ ~~4층 214.503m²~~ ~~5층 214.503m²~~ ~~6층 214.503m²~~ ~~7층 214.503m²~~ ~~8층 214.503m²~~ ~~9층 214.503m²~~ ~~10층 214.503m²~~ ~~11층 214.503m²~~ ~~12층 214.503m²~~ ~~13층 214.503m²~~ ~~14층 214.503m²~~ ~~15층 214.503m²~~ ~~16층 214.503m²~~ ~~17층 214.503m²~~ ~~18층 214.503m²~~ ~~19층 214.503m²~~ ~~20층 214.503m²~~	~~도면편철장 제571호~~
2		인천광역시 동구 만석동□□ 만석비치타운주공아파트 제□□동 [도로명주소] 인천광역시 동구 화도진로	철근콘크리드벽식구조 경사지붕 20층 아파트 지하층 37.120m² 1층 158.850m² 2층 214.503m² 3층 214.503m² 4층 214.503m² 5층 214.503m² 6층 214.503m² 7층 214.503m²	도로명주소 2013년2월8일 등기

[집합건물] 인천광역시 동구 만석동 122 만석비치타운주공아파트 제□□동 제4층 제□□호

표시번호	접　수	소재지번，건물명칭 및 번호	건　물　내　역	등기원인 및 기타사항
			8층 214.503m² 9층 214.503m² 10층 214.503m² 11층 214.503m² 12층 214.503m² 13층 214.503m² 14층 214.503m² 15층 214.503m² 16층 214.503m² 17층 214.503m² 18층 214.503m² 19층 214.503m² 20층 214.503m²	

（ 대지권의 목적인 토지의 표시 ）				
표시번호	소　재　지　번	지　목	면　적	등기원인 및 기타사항
1	1. 인천광역시 동구 만석동 □□	대	49383.9m²	2002년12월28일

출처 : 등기부등본 사이트

경매 강사가 숨어서 읽는 이론서

【 표 제 부 】	(전유부분의 건물의 표시)		
표시번호	접 수	건 물 번 호	건 물 내 역	등기원인 및 기타사항
1	2002년12월28일	제4층 제403호	철근콘크리드벽식구조 49.79㎡	도면편철장 제671호

(대지권의 표시)		
표시번호	대지권종류	대지권비율	등기원인 및 기타사항
1	1 소유권대지권	49383.9분의 29.89	2002년12월26일 대지권 2002년12월28일

출처 : 등기부등본 사이트

니다. 전유 부분에 대한 소유권은 '구분소유권'이라고 부르며, 이를 가진 사람을 '구분소유자'라고 합니다.

1) 대지권의 성립요건

첫 번째는 집합건물이 존재해야 합니다. 아파트와 연립주택처럼 집합건물이 있어야 하며, 전유 부분과 대지사용권은 일체성을 원칙으로 합니다. '집합건물의 소유 및 관리에 관한 법률' 제20조에서는 이러한 일체불가분성을 규정해, 대지사용권이 집합건물로부터 분리되는 것을 막고 있습니다. 구분소유자가 대지사용권을 취득하면 집합건물의 대지 지분은 전유 부분과 일체가 되어 법적으로 분리가 금지됩니다. 이는 대지권등기 여부와 관련이 없습니다. 만약 대지 지분과 전유 부분을 분리해 처분하게 되면 분리 처분 자체가 무효가 됩니다. 대지 지분만 처분하는 것은 무효지만 전유 부분 처분은 유효입니다. 결국, 대지 지분은 전유 부분에 종속됩니다.

두 번째는 대지사용권이 존재해야 합니다. 대지사용권이란, 집합건물의 구분소유자가 건물의 전유 부분을 소유하기 위해 대지에 대해 가지는 권리입니다. 등기부등본 전유 부분 표제부에 '소유권 대지권'으로 표기되어 있습니다.

세 번째는 대지 지분과 집합건물의 전유 부분을 분리 처분이 가능하다는 규약이나 공정증서가 없어야 합니다.

2) 대지권 미등기와 집합건물 전유 부분 건물

대지권 미등기란 대지 지분이 없는 건물이라는 뜻이 아닙니다. 대부분 아파트 같은 세대수가 많은 집합건물에서 볼 수 있습니다. 대지권은 실제 존재하고 있으나 아파트가 지어지는 대지의 분필, 합필, 환지 절차로 인해 수분양자가 대지권에 대한 소유권은 있으나 전유 부분만 소유권이진이 됩니다. 내시 지분에 대한 소유권이전등기는 상당히 지체된 상태를 대지권 미등기라 합니다. 대지권

경매 강사가 숨어서 읽는 이론서

미등기 사유는 지적 정리뿐만 아니라 대지에 대한 근저당, 소유권 이전등기 청구권 등 다양한 이유가 있습니다.

가. 대지 지분은 감정평가되었고, 분양대금 납부 사례

이런 경우, 아파트가 지어지는 대지에 분필, 합필, 환지 절차 또는 절차 미비로 대지 지분이 미등기 상태가 됩니다. 하지만 수분양자가 토지와 건물 분양대금을 이미 납부했기에 대지 지분에 대한 소유권이전 문제는 발생하지 않습니다. 따라서 낙찰 시에도 추가로 대지 지분 대금을 납부할 필요가 없습니다.

만약 대지 지분이 감정평가가 이루어지지 않았더라도, 분양대금을 납부한 상태라면 대지 지분에 대한 소유권이전 문제는 발생하지 않습니다. 즉, 경매에 나왔을 때 감정평가 여부와 관계없이 대지 지분에 대한 분양대금이 납부되면 낙찰자는 인수할 금원이 없습니다.

TANK 토지/건물 현황 감정원 : 코아 / 가격시점 : 2024-03-08 / 보존등기일 : 2020-09-23 주택공시가격조회

구분(목록)	면적	감정가	비고
토지(1)	207동 3층 ▨호 / 미등기감정가격포함	298,000,000원	

구분(목록)	현황/구조	면적	감정가	비고
건물(1)	18층 중 3층 / 207동 3층 ▨호 아파트	102.9887㎡ (31.154평)	447,000,000원	사용승인일:2020-07-30
감정가	건물면적 : 102.9887㎡(31.154평)		745,000,000원	* 가격비(토지:건물) 40% : 60%

현황·위치 주변환경	* 경기도 김포시 고촌읍 향산리 소재 "향산초등학교" 서측 인근에 위치하며, 주위는 아파트, 근린생활시설, 전·답 등이 소재하는 지역으로 제반 주위환경은 보통임. * 본건까지 차량출입이 가능하며, 인근에 버스정류장이 소재하는 등 대중교통상황은 보통시됨. * 인접필지 대비 통고평탄한 사다리형 토지로서, 아파트 건부지로 이용중임. * 단지내 도로가 외곽 공도와 연계되어 있음. * 기본적인 위생설비 및 급·배수설비, 난방설비, 승강기설비 등이 구비되어 있음.
참고사항	* 감정평가당시 감정평가서상 본건은 향산지구도시개발사업구역으로서, 지적미정리로 대지권 미등기상태이나 매각목적물 및 평가에 포함됨(감정평가서 참조) * 2024.10.28.자 김포시의 사실조회회신서에 의하면 현소유자가 토지(59.9990㎡), 건물(102.9887㎡)에 대해 취득세를 신고납부하였다고 함

출처 : 탱크옥션

나. 대지 지분은 감정평가되었고 분양대금 미납 사례

아파트가 지어진 후에도 수분양자가 분양대금을 미납하는 경우가 있습니다. 수분양자가 분양대금을 미납하면 대지 지분에 대한 소유권이전을 받지 못하지만, 대지사용권은 취득합니다. 매수인 또한 대지사용권만 취득하게 되고, 소유권을 이전받지 못합니다. 따라서 대지 소유권을 취득하기 위해서는 매수인이 대지 지분 대금을 지불해야 합니다.

> **대법원 2006. 9. 22. 선고 2004다58611 판결**
>
> 집합건물의 분양자가 분양을 받은 자에게 대지 지분에 관한 소유권이전등기나 대지권변경등기는 지적정리 후 해주기로 하고 우선 전유 부분에 관하여만 소유권이선능기를 마쳐주었는데, 그 후 대지 지분에 관한 소유권이전등기나 대지권변경등기가 되지 아니한 상태에서 전유 부분에 대한 경매 절차가 진행되어 제3자가 전유 부분을 경락받은 경우, 그 경락인은 집합건물의 소유 및 관리에 관한 법률 제2조 제6호의 대지사용권을 취득하고, 이는 분양을 받은 자가 분양자에게 그 분양대금을 완납한 경우는 물론, 그 분양대금을 완납하지 못한 경우에도 마찬가지이다. 따라서 그러한 경우 경락인은 대지사용권 취득의 효과로서 분양자와 분양을 받은 자를 상대로 분양자로부터 분양을 받은 자를 거쳐 순차로 대지 지분에 관한 소유권이전등기 절차를 마쳐줄 것을 구하거나 분양자를 상대로 대지권변경등기 절차를 마쳐줄 것을 구할 수 있고, 분양자는 이에 대해 분양을 받은 자의 분양대금 미지급을 이유로 한 동시이행항변을 할 수 있을 뿐이다.

위 판례에서 보듯이, 최초의 분양을 받은 사람이 분양대금 잔금을 납부하지 못하면 분양을 했던 시행사가 수분양자에게 분양대금 미납금을 납부해야만 동시이행으로 대지권 등기를 해줍니다. 즉, 분양대금을 납부하지 않으면 시행사에서는 대지권을 넘기지 않습니다. 전유 부분 매수인이 대지 사용권을 주장하면서 대지 지분 소유권이전을 요구해도 시행사는 동시이행 항변권을 행사합니다.

다만, 전유 부분 매수인이 시행사에 대지 지분을 매입하지 않아도 사용상에는 문제가 없습니다. 또한 시행사가 매수인의 자산에 압류를 행사할 수도 없습니다.

토지/건물 현황   감정원 : 경일 / 가격시점 : 2015-01-20 / 보존등기일 : 2011-01-27   주택공시가격조회

구분(목록)	면적		감정가	비고
토지	미등기감정가격포함		64,260,000원	

구분(목록)	현황/구조	면적	감정가	비고
건물	15층 중 9층 주거용	84.743㎡ (25.635평)	241,740,000원	사용승인일:2010-12-28
감정가	건물면적 : 84.743㎡(25.635평)		306,000,000원	* 가격비(토지:건물) 21% : 79%

현황·위치 주변환경	* "단봉초등학교" 남동측 인근에 위치하며, 주위는 대규모 아파트단지가 밀집 소재하는 지역임. * 버스정류장이 인근에 위치하여 대중교통 사정은 보통시되며, 본건까지 차량 출입이 가능함. * 완경사의 광평수 토지로서, 공동주택(아파트)부지로 이용중임. * 단지 내 상태 양호한 포장도로를 이용중이며, 외곽 공도와 연계되어 있음.
참고사항	* 토지구획정리사업지구임. * 대지권미등기이나 최저매각가격에 대지권가격이 포함됨. * 2015. 3. 9.자 주식회사한국토지신탁의 회신에 의하면, 현소유자가 분양대금을 완납하지 않은 상태임(2015. 3. 4.자 기준 원금 및 이자 등 108,080,852원). * 분양계약서에 의하면 대지지분(54.824㎡)이 포함되어 분양되었음. * 분양대금 미납에 따른 대지권 취득 여부 및 대지권 등기 등은 매수인의 책임과 부담임. * 외필지 :왕길동 오류지구81블럭3로트

출처 : 탱크옥션

대지 지분에 감정평가가 되었다고 해서 전유 부분 매수 시 대지 지분 소유권을 가져올 수 있는 것은 아닙니다.

3) 대지권 없음과 집합건물 전유 부분 건물

대지사용권이 없는 집합건물은 등기부에 '대지권 없음'이라고 표기되어 경·공매에 나오게 됩니다. 이런 경우는 건물을 지을 당시 토지에 근저당을 잡고 건축을 진행하다가 은행 이자를 납부하지 못해 토지가 다른 소유자에게 넘어가 대지사용권이 집합건물과 분리된 경우(저당권, 압류, 가등기, 가처분 행위로 분리되어도 같습니다), 처음부터 집합건물을 남의 토지 위에 짓게 된 경우입니다. 집합건물의 전체가 아닌 일부만 나오는 경우가 있는데, 전유 부분만 경매에 나오고 대지 지분은 대지권이 없어 시세의 절반에나 70% 정도로 감정해 경매가 진행됩니다.

아파트의 전유 부분만 경매에 나온 경우

TANK 토지/건물 현황	감정원 : 구정 / 가격시점 : 2022-10-27 / 보존등기일 : 2009-02-24				주택공시가격조회 N
구분(목록)	현황/구조	면적	감정가		비고
건물(1)	19층 중 7층 / 제101동 제7층 제704호 아파트(방3, 거실1, 주방/식당1, 욕실/화장실2, 발코니/다용도실, 창고 등)	84.65㎡ (25.607평)	262,800,000원		사용승인일:2000-09-07
감정가	건물면적 : 84.65㎡(25.607평)		262,800,000원		
현황·위치 주변환경	* 서울특별시 금천구 시흥동 소재 "한울중학교" 북동측 인근에 위치하며, 부근은단독주택, 다세대주택, 한울중학교, 시흥삼익아파트 및 산기슭공원 등이 혼재하고 있는제2종일반주거지역내 주거지대로 주위환경은 보통시됨. * 본건까지 차량출입 가능하며, 서측 인근의 독산로와 남측 인근의 독산로50길을 운행하는 노선버스 및 마을버스 정류장이 인근에 소재하여 이용사정은 무난하나, 지하철 교통사정은원거리로 원할하지 아니함. * 2필 일단지의 대략 삼각형의 완만한 경사지에 조성된 지반으로 금강아파트 건부지로 이용됨. * 남서측 끝부분의 일부가 노폭약10M 정도의 완경사 포장도로(진입로)에 접함. * 급배수 위생시설 구비되었고, 도시가스 보일러에 의한 개별난방, 승강기시설, 옥내소화전, 화재탐지 및 경보기시설, 지하 및 지상주차장시설 등 갖추었음.				
참고사항	* 건물만 매각(대지권 미등기이며, 대지권 유무는 알 수 없음) * 최저매각가격에 대지권가격 미포함 * 총 필지:시흥동 1008, 1008-1				

출처 : 탱크옥션

집합건물은 일반 법정지상권과 다르게 봐야 합니다. 집합건물의 전유 부분 매수인은 대지 소유자가 철거 소송을 진행해도 철거의 대상이 아닙니다. 대신 대지 소유자에게 지료를 납부해야 합니다. 집합건물의 소유자는 대지 소유자에게 건물매도청구권이 있습니다. 반대로 대지 소유자도 집합건물 전유 부분 매수인에게 그 호실 또는 건물을 시가에 자신에게 팔라고 청구할 수 있습니다.

집합건물에서 대지권 이건 알고 하자

- 대지권이 없는 집합건물 전유 부분 낙찰 시 일반 단독건물보다 유리한 경우가 많습니다. 일단 단독건물 같은 경우에는 법정지상권이 성립되지 않으면 건물 철거의 위험이 있습니다. 집합건물은 철거에 대한 부담이 없으니 선택 권한이 많아집니다. 대지 소유자와 이야기해서 대지권을 취득해 가치를 올리는 방향이 있습니다. 대지사용권은 있으니 굳이 대지를 매입하지 않고 지료를 납부해 건물을 사용하면 됩니다. 마지막으로 전유 부분 매도청구권이 있으니 저가에 낙찰을 받으면 수익을 올릴 수 있습니다.

- 집합건물 전유 부분 입찰 시 대지권 미등기와 대지권 없음을 구분하기는 쉽지 않습니다. 등기부등본에는 대지권 등기가 표시되어 있지 않기 때문입니다. 쉽게 파악하기 위해서는 등기부등본보다는 경매에 나올 시 감정평가서를 보면 됩니다. 대지권이 미등기일 경우에는 감정평가서에 대지분의 평가액이 포함되어 있습니다. 반면 대지권 없음은 감정평가서에 대지분의 평가액이 포함되어 있지 않습니다.

4) 토지별도등기와 집합건물 전유 부분 건물

집합건물의 전유 부분의 등기부등본을 보면 '토지별도등기 있음'이라는 문구가 보일 때가 있습니다. 전유 부분이 문제가 있는 것이 아니라 토지가 대지권으로 정리되기 전에 토지에 근저당, 압류, 지상권 등이 설정된 상태에서 대지권 등기가 되면 '토지별도등기 있음'이라는 문구가 집합건물 등기부등본 표제부에 표시됩니다. 이에 법원은 매각 물건 명세서에 '토지별도등기 있음'이라고 공시합니다. 법원에서 공시했으니 입찰 시에는 토지 등기부등본을 열람해 내용을 정확히 파악한 후에 입찰하는 것이 좋습니다.

TANK 토지/건물 현황	감정원 : 최병훈 / 가격시점 : 2023-12-06 / 보존등기일 : 2022-04-11			
구분(목록)	면적		감정가	비고
토지(3)	전체 1125.4㎡(340.434평) 중 11.4332㎡(3.459평) / 2층203호 / 토지별도등기있음		76,800,000원	
구분(목록)	현황/구조	면적	감정가	비고
건물(3)	10층 중 2층 / 2층203호 근린생활시설(현황 공실)	45.98㎡ (13.909평)	307,200,000원	사용승인일:2022-03-24
감정가	대지권 : 11.4332㎡(3.459평) / 건물면적 : 45.98㎡(13.909평)		384,000,000원	* 가격비(대지권:건물) 20% : 80% * ㎡당 8,351,457원 / 평당 27,608,024원
현황·위치 주변환경	* 경기도 화성시 새솔동 소재 "수노을중앙공원" 북동측 인근에 위치하며, 주위는공동주택, 단독주택, 주상용 및 상업용건물과 공원 등으로 이루어져 있고 제반 주위환경무난함. * 본건 건물까지 차량출입 가능하고, 인근에 노선버스정류장이 소재하는 등 제반 교통상황 보통임. * 부정형 평지로 근린생활시설 및 오피스텔부지로 이용중임. ' 넘측과 시측이 폭 약 20미디 내외의 도로에 접함. * 기본적인 위생설비, 급배수설비, 승강기설비, 소화전설비 등 되어 있음.			
참고사항	* 현황서상 점유내용:호수를 특정하는 표식이 없고 2층이 대부분 공실이어 관리실 직원에게 문의하여 201호,202호,203호를 특정하였음			

출처 : 탱크옥션

집합건물 전유 부분이 경매로 낙찰되어 소유권이 이전되면, 토지별도등기가 있는 토지 저당권자는 채권 배당신고 시 대지권 비율만큼 토지저당권이 말소됩니다. 건물 부분이 경매 나온 것이기 때문에 토지 저당권자는 우선변제를 받을 수는 없습니다. 다만, 토지별도등기권자가 배당요구를 하지 않았더라도 법원은 이를 배당 대상 채권자로 봐서 대지권 비율만큼 배당을 하고, 그 비율에 해당하는 토지 서당권은 말소 처리됩니다.

경매 강사가 숨어서 읽는 이론서

대법원 2008. 3. 13. 선고 2005다15048 판결
【판결요지】

민사집행법 제91조 제2항에 의하면 매각 부동산 위의 모든 저당권은 경락으로 인해 소멸한다고 규정되어 있으므로, 집합건물의 전유 부분과 함께 그 대지사용권인 토지 공유지분이 일체로서 경락되고 그 대금이 완납되면, 설사 대지권 성립 전부터 토지만에 대하여 별도등기로 설정되어 있던 근저당권이라 할지라도 경매 과정에서 이를 존속시켜 경락인이 인수하게 한다는 취지의 특별매각조건이 정해져 있지 않았던 이상 위 토지 공유지분에 대한 범위에서는 매각 부동산 위의 저당권에 해당해 소멸한다.

예시 | **집합건물 전유 부분 선순위 임차인이 있을 시**

순위	권리자	내용	설정일자
1	내일로	임차인(5,000만 원)	2020. 2. 1.
2	어제로	압류(1,000만 원)	2020. 3. 1.
3	오늘로	낙찰(6,000만 원)	2022. 3. 1.

　토지별도등기가 있는 집합건물 전유 부분만 소유하고 있던 아파트 소유자가 임차를 냈습니다. 내일로는 시세보다 저렴하다고 생각해 2020년 2월 1일 보증금 5,000만 원에 임차계약을 합니다. 이후 2020년 3월 1일, 어제로가 아파트 소유주로부터 1,000만 원을 받지 못해 해당 아파트에 압류를 걸었습니다. 그 뒤 아파트가 경매에 나와 오늘로가 6,000만 원에 낙찰을 받아 소유권을 이전하게 되었습니다. 이후 배당은 어떻게 될까요?

그냥 볼 때는 오늘로가 6,000만 원에 소유권이전을 했으니 인수할 게 없다고 보여질 수도 있습니다. 내일로에게 5,000만 원이 배당되고 남은 금액 1,000만 원은 압류권자 어제로에게 배당되는 것으로 보일 수 있습니다. 하지만 실상은 그렇지 않습니다.

토지별도등기권자가 따로 배당요구를 하지 않았습니다. 하지만 대지권 비율만큼 배당받게 되어 있습니다. 토지와 건물이 5:5로 감정되었다면 오늘로가 소유권을 이전할 때 6,000만 원에 대한 배당은 토지와 건물 양쪽에 같은 금액으로 이루어져야 합니다. 그럼 토지 부분 3,000만 원을 주고, 건물 부분도 3,000만 원을 줍니다. 내일로가 선순위 임차인이니 3,000만 원을 배당받습니다. 내일로가 대항력을 가지고 있으므로 나머지 2,000만 원은 낙찰받은 오늘로가 인수해야 합니다.

2. 법정지상권

지상권은 건물이나 수목 등 지상물을 사용하기 위해 토지 소유자의 동의를 받아 설정되는 권리입니다. 그러나 법정지상권은 토지주의 의사와 관계없이 법률에 정한 요건이 충족되면 자동으로 성립합니다. 즉, 토지와 건물의 소유자가 경매, 공매, 매매 등으로 분리되었을 때, 건물을 철거하지 않고 그대로 사용·수익을 할 수 있도록 보장하는 제도입니다. 건물 소유자가 법정지상권을 취득하게 되면 현재의 토지 소유자뿐만 아니라 이후 토지를 새로 매입한 소유자에게도 권리가 인정됩니다.

1) 법정지상권의 종류

가. (근)저당권으로 인한 법정지상권

토지와 건물의 소유자가 같을 경우, 토지 또는 건물 한쪽에 설정된 근저당권에 의해 경매가 진행되어 토지 또는 건물의 소유자가 달라진 경우에 지상권이 성립됩니다.

나. 전세권설정에 의한 법정지상권

토지와 건물의 소유자가 같을 경우, 건물에 전세권이 설정한 후에 경매로 토지 또는 건물의 소유자가 달라진 경우에 지상권이 성립됩니다.

다. 가등기 담보권에 의한 법정지상권

토지와 건물의 소유자가 같을 경우, 토지 또는 건물 한쪽에 소유권 가등기의 본등기 또는 담보가등기의 실행으로 경매가 진행되어 소유자가 달라진 경우에 지상권이 성립됩니다.

라. 임목에 의한 법정지상권

토지와 임목의 소유자가 같을 경우, 경매 또는 기타의 사유로 토지와 임목의 소유자가 달라진 경우에는 토지 소유자는 임목 소유자에게 지상권을 설정한 것으로 봅니다.

마. 관습상의 법정지상권

토지와 건물의 소유자가 같을 경우, 토지 또는 건물 한쪽이 매매, 증여 등으로 소유자가 달라진 경우, 그 건물을 철거한다는 특약이 없다면 지상권이 성립됩니다.

Tip	법정지상권 성립의 네 가지 조건

첫째, 토지와 건물의 소유자가 같아야 합니다.
둘째, (근)저당권 설정 당시 건물이 존재해야 합니다.
셋째, 토지와 건물 중 (근)저당권이 설정되어야 합니다.
넷째, 경매로 토지와 건물의 소유자가 달라져야 합니다.

2) 사례로 보는 법정지상권

법정지상권은 지상권과 효력이 같습니다. 다만 토지주의 동의로 규정한 것이 아니다 보니 따로 존속 기간이나 토지 사용료에 관한 계약이 없습니다. 특별한 계약이 없는 한 법정지상권도 30년간 존속됩니다. 토지 사용료는 토지주가 건물주에게 법원을 통해 지료를 청구하면 감정평가를 통해서 발생합니다. 이후 조세, 기타 부담의 증감이나 토지가격의 변동으로 상당하지 않을 때는 당사자는 지료 증감을 청구할 수 있습니다. 법원에 의해 결정된 지료는 증감

경매 강사가 숨어서 읽는 이론서

청구를 한 때에 소급해서 효력이 발생합니다. 건물주이자 지상권자는 지료가 결정될 때까지 종래의 지급액을 지급해도 지료 체납이 아닙니다.

예시 1 ｜ 토지와 건물의 주인이 같을 때 토지 경매로 토지 주인이 바뀐다면?

토지와 건물의 소유자는 내일로입니다. 내일로가 A은행에 돈을 빌리는 대신 자신의 토지에 근저당을 설정합니다. 내일로가 이자를 납입하지 못해 토지가 경매로 진행이 됩니다. 이에 토지는 어제로가 낙찰받아 건물과 토지의 소유자가 달라지게 됩니다. 이 경우, 법정지상권이 성립하므로 새로운 토지주 어제로는 토지를 마음대로 사용할 수 없고, 대신 건물주 내일로에게 토지 지료를 청구할 수 있습니다.

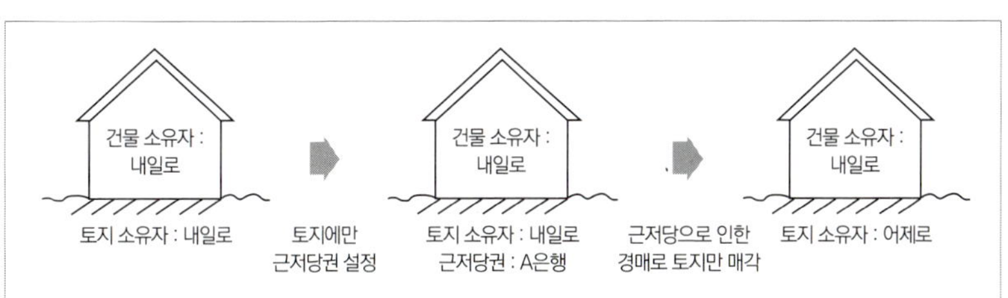

출처 : 저자 제공

A은행에서 토지에 근저당을 설정해 돈을 빌려줄 당시 토지 위에 건물이 존재한다는 것을 인지하고 빌려주었습니다. 이후 경매로 인

해 토지 소유자가 바뀐다고 하더라도 원인이 A은행의 근저당권이기 때문에 건물을 철거하라는 판결이 나면 건물 소유자가 억울해집니다. 은행은 토지가 건물에 의해 사용되고 있다는 사실을 알고 대출을 해준 것이기 때문입니다.

예시 2 | 토지와 건물의 주인이 같을 때 건물 경매로 건물 주인이 바뀐다면?

토지와 건물의 소유자는 내일로입니다. 내일로가 A은행에 돈을 빌리는 대신 자신의 건물에 근저당을 설정합니다. 내일로가 이자를 납입하지 못해 건물이 경매로 진행됩니다. 이에 건물이 어제로에게 낙찰되어 건물과 토지의 소유자가 달라집니다. 이럴 경우, 법정지상권이 성립되어 새로운 건물주 어제로는 자신의 토지가 아닌 내일로 토지를 사용수익할 수 있습니다. 새로운 건물주는 토지주에게 지료를 지급해야 합니다.

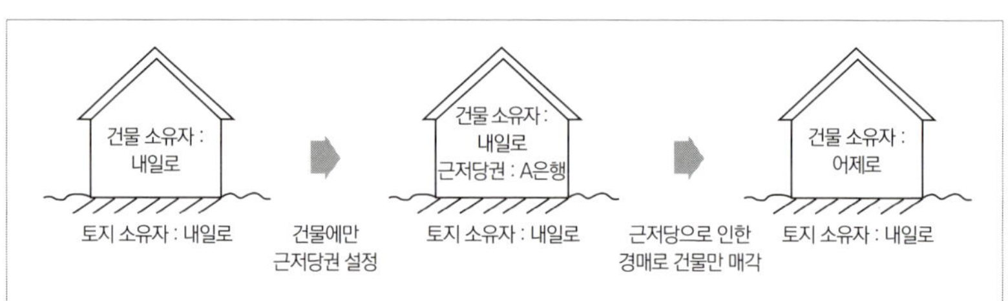

출처 : 저자 제공

예시 3 | 토지에 건물이 없을 때 토지에 근저당이 설정되면?

내일로가 토지를 매입할 때 돈이 없어 A은행에 근저당을 설정하

경매 강사가 숨어서 읽는 이론서

고 돈을 빌렸습니다. 이후 내일로는 건물을 신축했습니다. 내일로가 은행 이자를 지불하지 않아 토지가 경매로 나오게 되었습니다. 이에 어제로가 토지를 낙찰받습니다. 이럴 경우에는 법정지상권이 성립되지 않습니다. 내일로가 소유하고 있는 건물은 철거 대상이 됩니다.

A은행에서 토지에 근저당을 설정해 돈을 빌려줄 당시 토지 위에 건물이 존재하지 않았습니다. 이후 내일로가 건물을 신축했고 토지 소유자가 바뀌어 건물 지상권이 성립하게 되면 토지는 원래의 가치가 없어집니다. 그럼 토지의 가치를 보고 빌려준 은행은 돈을 회수하기가 버거워집니다. 은행이 선의의 피해자가 될 수 있으므로 건물의 지상권은 성립할 수 없습니다.

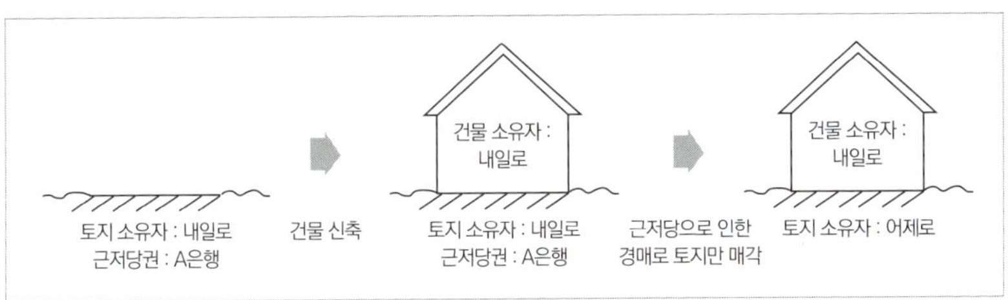

출처 : 저자 제공

Tip 토지와 건물의 소유자가 같을 때, 토지의 근저당

건축법 제2조 2항 '건축물'이란 토지에 정착(定着)하는 공작물 중 지붕과 기둥 또는 벽이 있는 것이라고 정의하고 있습니다. 건축물이 토지 근저당 발생 시 존재하고 있으면 법정지상권이 성립됩니다. 요즘은 네이버 지도, 다음 지도 등 위성 사진 및 현황 사진 등이 발달해 검색을 통해 건축물이 올라오는 시점을 알 수 있습니다.

토지 소유자는 내일로이고, 그 토지 위에 어제로의 건물이 있었습니다. 내일로가 돈이 부족해 A은행에 돈을 빌렸습니다. 내일로의 자금 사정이 악화되어 은행에 이자를 내지 못하자 토지가 경매에 나왔습니다. 경매로 나온 토지를 모레로가 낙찰받아 소유권을 이전합니다. 이럴 경우에는 법정지상권이 성립하지 않습니다. 은행이 근저당을 설정하기 전에 이미 토지와 건물의 소유자가 달라졌기 때문입니다. 따라서 은행 근저당을 설정할 당시 토지와 건물의 소유자가 누구인지 반드시 확인해야 합니다.

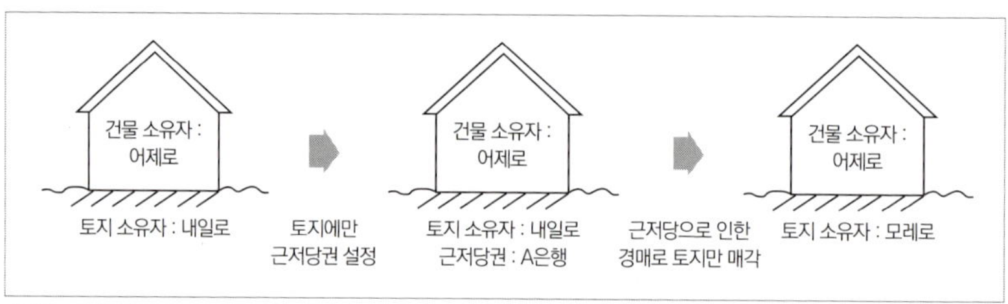

출처 : 저자 제공

예시 5 | **토지와 건물 소유자가 건물이 멸실되고, 다시 신축해서 토지 소유자가 달라진다면?**

토지와 건물에만 예시 1과 2처럼 근저당을 잡고 토지와 건물 소유자가 달라지면 은행에서는 지상권이 성립한다는 사실을 알고 빌려줘서 법정지상권이 성립하므로 신축건물이 철거될 위험은 없습니다.

하지만 토지와 건물의 소유자가 같을 때 공동담보로 근저당을 잡고 건물을 철거합니다. 그러나 건물을 철거한 뒤 새로 신축한 상태에서 토지가 경매로 넘어가 소유자가 바뀌면 법정지상권은 성립하지 않습니다. 은행이 돈을 빌려줄 당시에는 토지 건물 모두에 근저당을 설정했기 때문에 지상권을 전제로 대출한 것이 아닙니다. 지상권이 성립되면 토지는 원래의 가치가 없어집니다. 그럼 토지의 가치를 보고 빌려준 은행은 돈을 회수하기가 버거워집니다. 따라서 선의의 피해자인 은행을 보호하기 위해 건물의 지상권은 성립하지 않습니다.

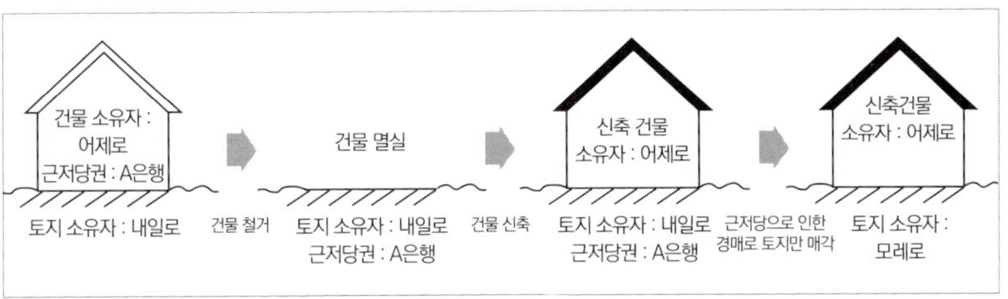

출처 : 저자 제공

예시 6 | 무허가건물과 미등기건물은 법정지상권이 성립할까?

일정한 요건이 맞으면 법정지상권이 성립합니다. 하지만 무허가건물과 미등기건물 상태에서 토지 소유권이 넘어가면 건물은 기존의 토지 소유자 건물입니다. 이후 토지 매수자가 은행 근저당으로 인해 토지 소유권을 넘겨받더라도, 무허가·미등기건물은 이미 토지와 건물의 소유자가 달라진 상태에서 근저당이 설정된 것이므로 법정지상권은 성립하지 않습니다.

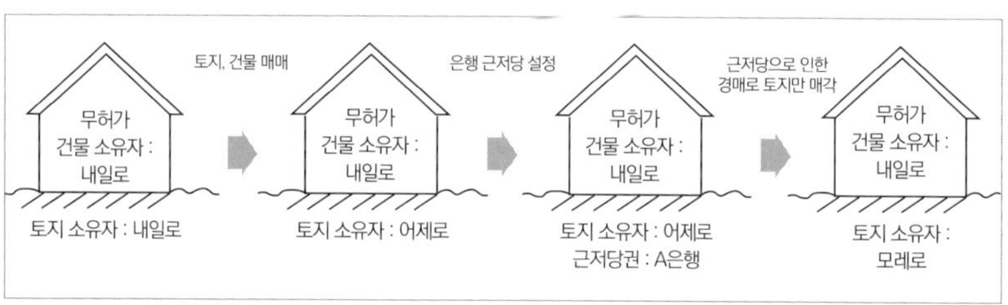

출처 : 저자 제공

예시 7 | 토지는 1명이 소유, 건물은 공유 소유일 때, 소유주가 바뀌면 법정지상권은?

토지가 1명의 단독 소유이고, 건물이 2명 이상 공유 소유일 때 토지든 건물이든 근저당이 붙어 소유주가 바뀌더라도 법정지상권은 성립합니다. 이는 토지가 단독 소유이기 때문에 토지 권리의 변동이 없어서 법정지상권이 성립하는 것입니다.

[대법원 2011. 1. 13. 선고 2010다67159 판결]

건물 공유자의 1인이 그 건물의 부지인 토지를 단독으로 소유하면서 그 토지에 관하여만 저당권을 설정했다가 위 저당권에 의한 경매로 인해 토지의 소유자가 달라진 경우에도, 위 토지 소유자는 자기분만 아니라 다른 건물 공유자들을 위하여도 위 토지의 이용을 인정하고 있었다고 할 것인 점, 저당권자로서도 저당권 설정 당시 법정지상권의 부담을 예상할 수 있었으므로 불측의 손해를 입는 것이 아닌 점, 건물의 철거로 인한 사회경제적 손실을 방지할 공익상의 필요성도 인정되는 점 등에 비추어 위 건물 공유자들은 민법 제366조에 의해 토지 전부에 관해 건물의 존속을 위한 법정지상권을 취득한다고 보아야 한다.

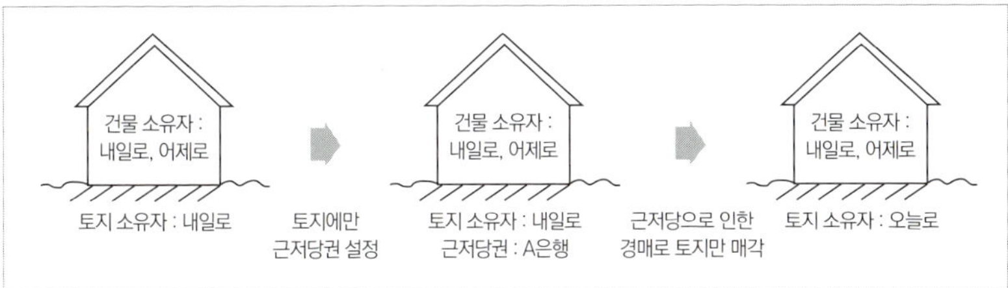

출처 : 저자 제공

[대법원 1977. 7. 26. 선고 76다388 판결]

대지 소유자가 그 지상 건물을 타인과 함께 공유하면서 그 단독 소유의 대지만을 건물 철거의 조건 없이 타에 매도한 경우에는 건물 공유자들은 각기 건물을 위해 대지 전부에 대해 관습에 의한 법정지상권을 취득한다.

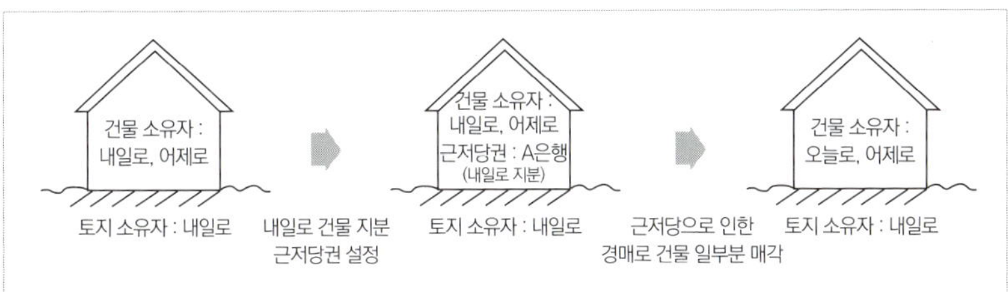

출처 : 저자 제공

예시 7과 반대 상황이라고 생각하면 편합니다. 토지든 건물이든 근저당이 붙어 소유주가 바뀌더라도 법정지상권은 성립하지 않습니다. 이는 토지가 공유 소유이기 때문에 근저당으로 소유주가 바뀌면 다른 토지 공유자가 곤란해지므로 법정지상권이 성립하지 않는 것입니다.

> **[대법원 1987. 6. 23. 선고 86다카2188 판결]**
> 토지 공유자 중의 1인이 공유 토지 위에 건물을 소유하고 있다가 토지 지분만을 전매함으로써 단순히 토지 공유자의 1인에 대해 관습상의 법정지상권이 성립된 것으로 볼 사유가 발생했다고 하더라도 당해 토지 자체에 관해 건물의 소유를 위한 관습상의 법정지상권이 성립된 것으로 보게 된다면 이는 마치 토지 공유자의 1인으로 하여금 다른 공유자의 지분에 대해서까지 지상권 설정의 처분행위를 허용하는 셈이 되어 부당하다 할 것이므로 위와 같은 경우에 있어서는 당해 토지에 관해 건물의 소유를 위한 관습상의 법정지상권이 성립될 수 없다.

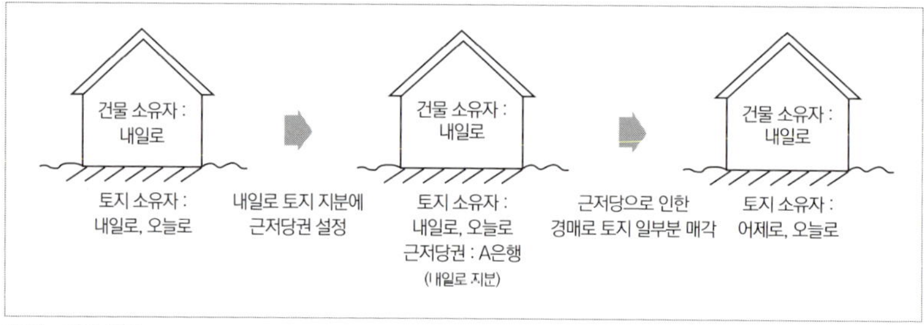

출처 : 저자 제공

3) 법정지상권이 성립하는 토지의 해결 방안

첫째, 법정지상권이 성립하면 앞에도 말했듯이 나의 토지를 마음대로 사용할 수 없습니다. 그렇다고 토지를 사용하기 위해 건물을 강제로 철거할 수도 없는 상황입니다. 건물주와 협의해 건물을 적당한 금액에 매입하면 좋겠지만, 대부분 지상권이 성립되면 건물주는 그 건물의 가액보다 더 높은 금액을 원하기 마련입니다. 토지주의 입장으로서는 건물주가 원하는 금액을 수용하기가 어렵습니다. 그럼 토지를 건물주에게 빼앗기느냐? 그렇지는 않습니다. 토지주는 건물주에게 토지 사용료, 즉 지료를 청구할 수가 있습니다. 법원을 통한 감정평가로 토지 사용료를 책정해 건물주에게 받게 됩니다.

둘째, 법정지상권 있는 토지에 지료를 청구하게 되면 건물주는 토지 주인에게 지료를 납입해야 합니다. 하지만 건물주가 지료를 내지 않을 수가 있습니다. 이럴 때는 2년을 기다리면 됩니다. 건물주가 2년 동안 지료를 연체하면, 토지주는 건물주에게 지상권 소멸 청구를 할 수 있습니다. 지상권이 소멸되면 토지주는 건물주에게 토지를 반환하라고 요구할 수 있고, 동시에 건물주가 토지주에게 자신의 건물을 사가라고 할 수 있는 지상물 매수 청구권도 사라집니다.

4) 법정지상권이 성립하지 않는 토지의 해결 방안

법정지상권이 성립하지 않으면 토지는 건물주에게 건물을 철거하고, 토지를 돌려달라고 요구할 수 있습니다. 그러면 건물주는 토지를 철거하고 토지를 돌려줘야 합니다. 그러나 실제로 철거 판결이 나더라도 건물주가 스스로 건물을 철거하는 경우는 거의 없습니다. 대부분 토지주가 철거비를 들여 철거를 진행합니다. 하지만 철거 판결이 떨어진 건물은 토지주가 대체집행 신청을 통해 법원의 절차를 밟을 수 있습니다. 이 경우, 법원에서 건물주에게 심문서가 송달되고 대체집행을 통해 건물을 철거할 수 있습니다. 관련된 비용은 건물주에게 청구가 가능합니다. 건물주 입장에서는 건물이 철거가 예정되어 있기 때문에 토지주와 협상해 건물을 헐값이라도 매도하거나 토지를 매수해오는 것이 가장 좋은 선택이 됩니다.

5) 토지 위에 임목과 농작물이 있으면 법정지상권이 성립할까?

토지와 임목의 소유자가 같을 경우, 경매 또는 기타의 사유로 토지와 임목의 소유자가 달라지면 토지 소유자는 임목 소유자에게 지상권을 설정한 것으로 봅니다. 그럼, 누군가가 토지주의 허락 없이 나무를 심게 되면 법정지상권은 성립할까요? 이 경우, 해당 토지를 낙찰받게 되면 나무가 부합물이 됩니다. 실제로 왕벚나무가 심어진 토지를 낙찰받아 10년 후 나무만 매각해 수천만 원의 이익을 본 사례도 있습니다. 따라서 토지를 낙찰받을 때는 토지 위에 어떤 나무들이 심겨 있는지 눈여겨볼 필요가 있습니다.

또 다른 경우로, 토지주와 협의를 통해 토지주 이웃이 토지주의 허락을 받고 두릅나무를 심어놓은 상황을 생각해볼 수 있습니다. 이 경우, 토지가 낙찰되면 나무는 토지의 부합물이 아니라 별도의

경매 강사가 숨어서 읽는 이론서

소유권이 인정됩니다. 즉, 토지 주인과 나무 주인이 일치하지 않아 법정지상권은 성립되지 않습니다. 하지만 낙찰 후 나무를 옮기지 않으면 나무 주인은 토지 주인에게 지료를 줘야 합니다.

그렇다면 나무가 아니라 벼, 배추, 깻잎, 파, 마늘처럼 1년 안에 추수 가능한 농작물은 어떻게 될까요? 이러한 농작물은 토지의 부합물로 보지 않고, 경작자의 소유로 보고 있습니다. 그래서 낙찰받은 토지에는 흔히 '경작 금지'라는 현수막이 걸려 있는 것을 볼 수 있습니다. 농작물이 재배되고 있으면 토지 낙찰자는 농작물이 수확이 끝날 때까지 기다린 후에야 그 토지를 사용할 수 있습니다.

3. 유치권

부동산 현장 임장을 보다 보면 '유치권 행사 중'이라는 현수막을 종종 볼 수 있습니다. 유치권은 타인의 부동산을 점유하는 자가 그 부동산에 관해 생긴 채권을 변제받을 때까지 그 부동산을 유치(점유)해 채무자가 채권을 갚게 만드는 담보물권입니다. 쉽게 말해, 남의 부동산에서 공사업자가 신축공사나 리모델링 공사를 진행했는데, 부동산 주인이 공사비를 주지 않아 공사업자가 공사가 된 부동산 물건을 주인에게 돌려주지 않고 유치(점유)하고 있는 것을 '유치권을 행사한다'라고 이야기합니다.

유치권은 근저당권, 전세권 등 부동산을 목적으로 하는 권리가 아닙니다. 부동산을 점유해 채권을 돌려받는 담보물권이기 때문에 등기부등본에 표시되지 않습니다. 또한 경매 매각 시 유치권은 배당요구를 할 수도 없습니다. 그러니 경매 낙찰 후 배당금에서 정리되지 못하므로, 유치권이 진성 유치권인지, 허위 유치권자인지 구분을 잘해야 합니다.

1) 유치권 구별법

민법
제320조(유치권의 내용)
① 타인의 물건 또는 유가증권을 점유한 자는 그 물건이나 유가증권에 관하여 생긴 채권이 변제기에 있는 경우에는 변제를 받을 때까지 그 물건 또는 유가증권을 유치할 권리가 있다.
② 전항의 규정은 그 점유가 불법행위로 인한 경우에 적용하지 아니한다.

민법 320조 유치권 내용을 숙지하고 있어야 합니다. 이 내용 중 어느 하나라도 빠지면 성립하지 않습니다.

가. 타인의 물건

유치권 신고 시 자신의 물건을 유치권으로 신고하는 경우가 있습니다. 예를 들어, 소유주가 내일로인 아파트가 있는데 내일로가 거주하면서 화장실 공사를 진행합니다. 점유는 소유주인 내일로가 하고 있습니다. 이럴 때는 유치권을 행사한다고 유치권이 성립되지 않습니다. 타인의 물건이 아니고 자신의 물건이기 때문입니다.

경매 강사가 숨어서 읽는 이론서 

점유는 유치권자가 외부에서 보기에도 그 부동산을 지배하고 있어야 합니다. 간단히 말하면, 직접 거주하면 됩니다. 그런데 부동산 경매가 시작되고 난 후에 점유해봐야 소용이 없습니다. 부동산 경매가 시작되기 전부터 점유를 하고 있어야 합니다. 유치권자가 점유를 주장하며 펜스를 설치할 때 경매가 시작한 후 펜스를 치는 경우가 있습니다. 이러한 경우에는 유치권이 성립되지 않습니다. 경매가 시작되기 전 집행관이 작성한 현황 조사서, 매각 물건 명세서, 감정평가서를 통해 유치권자의 점유개시 일자를 알 수 있습니다.

점유는 유치권자가 직접 점유하고 있으면 분란의 요지가 없지만, 간접 점유를 하고 있으면 분란의 요지가 생깁니다. 간접 점유의 점유보조자를 이용해서 점유하려면 공사를 시킨 채무자의 승낙이 필요합니다. 채무자가 쉽게 승낙할 이유가 없습니다. 점유자는 경비업체를 써서 CCTV나 경비 시스템을 이용해도 점유가 가능하지만 매달 비용부담이 발생하는 단점이 있습니다. 그래서 잠금장치를 사용해 점유를 진행하는데, 몇 달에 한 번씩 방문하거나 잠가놓고 방치를 하게 되면 점유가 인정되지 않습니다. 점유가 되지 않으면 유치권이 성립되지 않습니다.

토지 소유자가 건축을 의뢰해 건축업자가 공사를 했지만 공사비를 받지 못했습니다. 그런데 건물은 골조만 세우고 공사가 중단되었습니다. 이때 건축업자가 토지 소유자의 다른 부동산에 들어가 유치권을 신고하고 점유했다면, 이는 유치권이 성립되지 않습니다. 공사한 부동산과 점유하고 있는 부동산이 서로 다르기 때문입니다.

라. 채권이 변제기에 있는 경우

유치권은 해당 목적물에 관해 생긴 채권이 변제기에 도달해야만 성립합니다. 따라서 아직 변제기에 이르지 않은 채권으로는 유치권을 행사할 수 없습니다. 예를 들어, 토지주가 건축업자에게 주택을 지어달라고 했을 때, 공사업자가 주택을 짓는 도중 토지주가 부도난 사실을 알게 되었다고 합시다. 공사업자가 공사 도중 발생한 비용을 받지 못할까 염려해 미완성 주택에 유치권을 행사하려 한다면, 이는 인정되지 않습니다. 공사가 완전히 끝나 주택이 준공되어야 공사대금을 청구할 수 있기 때문입니다.

또한 유치권 성립요건의 가산일이 경매개시결정 기입등기보다 빨라야 합니다. 유치권자가 경매개시결정 기입등기 전에 점유를 시작했더라도 그 공사대금채권의 변제기가 경매개시결정 기입등기 이후에 도래한다면, 단순히 점유만으로는 유치권을 주장할 수 없습니다.

마. 채권이 변제기에 있는 경우에는 변제를 받을 때까지

유치권 자체는 시효로 소멸되는 권리가 아닙니다. 그러나 공사 대금 채권은 소멸시효가 3년입니다. 준공이 다 된 건축물도 3년이 지나면 채권 시효로 소멸됩니다. 하지만 유치권자가 가압류, 가처분을 하거나 채무자를 상대로 소송을 제기해 공사대금 판결을 받으면, 소멸시효가 3년인 공사대금 채권은 소멸시효가 중단됩니다. 판결이 확정되면 그때부터 10년이 지나야 공사대금 채권이 시효가 소멸됩니다.

바. 그 물건 또는 유가증권을 유치할 권리

유치권자는 그 물건의 권리만 가집니다. 만약 유치하는 부동산을 사용해 수익을 낸다면 유치권이 소멸됩니다. 주택을 짓고 공사대금을 받지 못한 유치권자가 점유 중에 돈이 필요해 다른 사람에게 주택을 임대하고 임차료를 받았다면, 이는 사용·수익을 한 것이므로 유치권이 소멸됩니다.

사. 점유가 불법행위로 인한 경우

유치권을 행사하기 위해 점유할 때 불법행위가 있어서는 안 됩니다. 종종 TV 뉴스나 드라마 속에서 부동산을 점유하기 위해 용역업체가 폭행을 하거나 난입하는 경우가 있는데, 이런 방식으로 불법적으로 점유를 하면 유치권이 성립되지 않습니다. 법의 테두리 안에서 합법적으로 점유를 해야 유치권이 인정됩니다.

유치권은 이 일곱 가지를 기준으로 유치권자가 진성 유치권자인지, 허위 유치권자인지 구별할 수 있습니다. 단 한 가지라도 어기게 되면 유치권은 성립하지 않습니다. 마지막으로, 공사업체의 직접적인 포기각서 문제도 있습니다. 은행에서 근저당 대출을 실행할 때 토지주가 공사업체로부터 유치권 포기각서를 받아두어야 대출을 해주는 경우가 있습니다. 만약 공사업자나 하도급업자가 유치권 행사 포기각서를 작성했다면, 이후에는 유치권을 행사할 수 없습니다.

2) 유치권자의 효력

유치권은 물권이므로 이전 주인이든 제삼자 누구에게라도 모두 대항할 수 있습니다. 유치권자는 물건은 점유할 수 있지만, 돈을 청구할 수 있는 사람은 공사를 시킨 이전 주인입니다. 부동산이 경매로 팔리고 나서도 돈을 다 받을 때까지 해당 부동산의 인도를 거절할 수 있습니다.

유치권자 있는 부동산을 경매로 낙찰받아도 낙찰자가 전 주인의 공사대금을 대신 갚을 필요가 없습니다. 또한 유치권자도 낙찰자에게 공사대금을 달라고 청구할 수 없습니다. 다만 문제는, 낙찰된 후에도 유치권자가 부동산을 인도해주지 않고 계속 점유할 수 있다는 점입니다. 결국 낙찰자가 전 주인을 대신해 유치권자에게 공사대금을 주고 합의하는 경우가 많으니 유치권자가 있는 부동산을 매수할 때는 유치하는 금원을 철저히 조사 후 입찰해야 합니다.

• 유치권자 인도

유치권이 신고된 부동산 물건 90%가 허위 유치권이라고 볼 수 있습니다. 유치권 일곱 가지 기준을 지키기가 쉽지 않기 때문입니다. 낙찰자가 유치권자를 상대로 인도명령을 신청하면 집행법원에서는 유치권의 진위 여부를 판단할 수 없으므로 기각결정을 하고 낙찰자가 다시 소송을 진행하게 됩니다. 하지만 가짜 유치권이 너무 많아 집행법원에서도 가짜라고 바로 판단하거나 낙찰자가 증거를 제시해 가짜 유치권이라고 입증하면 인도명령이 결정이 납니다.

• 토지에 있는 유치권

토지의 유치권 사례로는 아파트, 빌라를 짓기 위한 기초공사, 주택 개발을 위한 임야 개간의 대지조성비 등이 있습니다. 하지만 경매에 나온 토지에 유치권이 신고된 경우는 대부분 건물을 신축하던 중 토지가 경매로 넘어간 경우입니다. 주변에서도 흔히 볼 수 있는 상황인데, 토지 주인이 공장이나 전원주택을 짓기 위해 토지를 담보로 돈을 빌려 건물을 짓다가 임대차나 분양이 잘되지 않아 결국 토지가 경매로 넘어갑니다. 이때 건축업자는 공사대금을 받아야 하니 토지에 유치권을 주장합니다. 공사가 중단된 건물은 사회통념상 건물이라고 부르기가 힘들고, 토지에 부착된 정착물일 뿐입니다. 공사대금은 건물을 짓다 발생한 것이므로 건물에 대한 것이지 토지에 대한 것이 아니기 때문에, 토지에 유치권을 행사할 수는 없습니다.

토지에 행사 중인 유치권

출처 : 저자 제공

4. 지분 경매

지분 물건은 일반 매매 시장에서는 나오기가 힘든 물건입니다. 아파트 한 채가 있는데 부부 공동 명의일 시 이 아파트는 부부 각자 1/2씩 권리를 가지고 있습니다. 부부 둘 중 1명이 돈이 필요해 부동산 공인중개사사무소에 가서 한 채에 대한 아파트 1/2 지분만 매각한다고 하면 누구도 선뜻 매입하려고 하지 않습니다. 하지만 경매는 다릅니다. 부부 중 어느 1명이 채무가 발생해 아파트 1/2 지분에 압류가 발생하면 경매 시장에 나옵니다. 온전한 하나의 아파트가 아니고 1/2 지분이니 당연히 유찰이 많이 일어나게 됩니다. 유찰이 많이 일어난다고 해서 두려워할 필요는 없습니다. 시분경매도 수익을 낼 수 있는 물건이니깐요.

1) 지분 물건의 단점

지분 물건을 경매로 낙찰받으면 몇 가지 단점이 있습니다. 이 단점들을 수용하고 매입하게 되면 수익을 올릴 수가 있습니다.

첫 번째는 환금성이 떨어집니다. 온전한 권리가 아닌 일부 권리를 매입하게 되니 일반 시장에서 마음대로 팔 수가 없습니다. 처분하고 싶어도 다른 지분권자가 반대하게 되면 매각할 수가 없습니다. 그러니 제값에 팔기가 참 어렵습니다.

두 번째는 매입 시 대출이 일어나지 않습니다. 이 부분도 온전한 권리가 아닌 일부 권리이기 때문에 은행에서 담보물을 잡기가 어

경매 강사가 숨어서 읽는 이론서 

려워집니다. 물론 엄청난 가치가 있는 물건은 일부 지분이라도 은행에서 대출해주는 경우가 있으나, 이는 드뭅니다.

세 번째는 매입 시 거주하고 있는 사람을 내보내기가 힘이 듭니다. 지분을 매입한 당사자도 권리가 있지만, 다른 지분권자도 권리가 있으니 거주하고 있는 당사자를 내보낼 수가 없습니다. 임대차로 있는 임차인도 마찬가지입니다. 임차 기간 만료까지 기다릴 수밖에 없습니다. 하지만 낙찰자도 지분 비율만큼 임대료를 받을 수가 있습니다.

네 번째는 입찰 시 낙찰을 받더라도 공유지분권자가 우선매수권을 행사하면 어렵게 받은 물건을 넘겨야 합니다. 우선매수권은 1회 제한이므로 공유지분권자도 신중하게 권리를 행사해야 합니다.

2) 지분 물건의 해결 방향

지분 물건은 재산상의 상속, 부부의 공동 명의, 지인들과의 공동 투자 등으로 온전한 물건이 아닌 부동산 일부 지분만 경매로 나오게 됩니다. 경매로 낙찰받은 사람은 이 지분을 해결해야 수익으로 연결이 됩니다. 여러 이해관계가 있는 만큼 해결할 방법도 여러 가지가 있습니다.

첫 번째는 낙찰받은 지분을 공유지분권자에게 매각하는 것입니다. 낙찰받은 부동산을 공유지분권자가 사용·수익 중이고 그 수익 규모가 크거나 부동산에 애착이 있으면 매각하기가 편해집니다. 예를 들어, 공유지분권자가 과실나무를 경작 중에 있으면 과실나무에서 나는 수익 부분이 있기 때문에 낙찰자가 욕심을 버리고, 시세보다 저렴하게 매각하면 별 탈 없이 매각되는 경우가 많습니다.

두 번째는 공유지분권자가 사정이 좋지 않아 보이면 지분을 낙찰한 낙찰자가 다른 지분을 매수하면 됩니다. 물론 시세보다 조금 저렴하게 매각해달라고 공유지분권자에게 요청합니다. 지분 모두 낙찰자가 인수하게 되면 지역 부동산 공인중개사사무소를 통해 시세대로 매각해 수익을 내면 됩니다.

세 번째는 공유지분권자와 지역 부동산 공인중개사사무소를 통해 같이 매각하는 것입니다. 지분권자가 타인일 경우, 임대차 계약을 맺기 어렵고 사용하기도 불편합니다. 그러니 서로 협의해 시세에 맞게 매각해 지분 비율만큼 현금을 가져가면 됩니다.

네 번째는 사용수익을 공유지분권자가 하고 있으면 법원을 통해 부당이득 청구 소송을 진행합니다. 낙찰자는 지분 비율만큼 임료를 받을 수가 있습니다. 공유지분권자가 임료를 주지 않으면 그 지분을 압류해 경매에 부치게 됩니다. 지분이라 경매 진행 시 유찰이 많이 일어나게 되고, 누군가가 낙찰받더라도 공유자는 우선매수권을 행사해 상대적으로 저렴하게 취득할 수 있습니다. 공유자 지분까지 낙찰받아 온전한 물건으로 시세에 맞게 매각하면 됩니다. 단점은 시간이 오래 걸립니다.

다섯 번째는 법원을 통해 공유물분할 청구 소송을 진행하면 됩니다. 이 경우 공유지분권자와 협의가 전혀 이루어지지 않으면 지분만큼 현금분할을 하기 위해 진행합니다. 법원은 공유자끼리 협의하도록 조정을 유도하지만, 소송 전 이미 협의를 시도했기 때문에

경매 강사가 숨어서 읽는 이론서

원만히 해결되기 어렵습니다. 따라서 법원에서는 현물분할이 원칙이지만, 부동산은 현물분할이 곤란하거나, 가치가 현저히 떨어지기 때문에 경매를 통해 현금분할을 진행합니다.

공유물분할소송 판결문

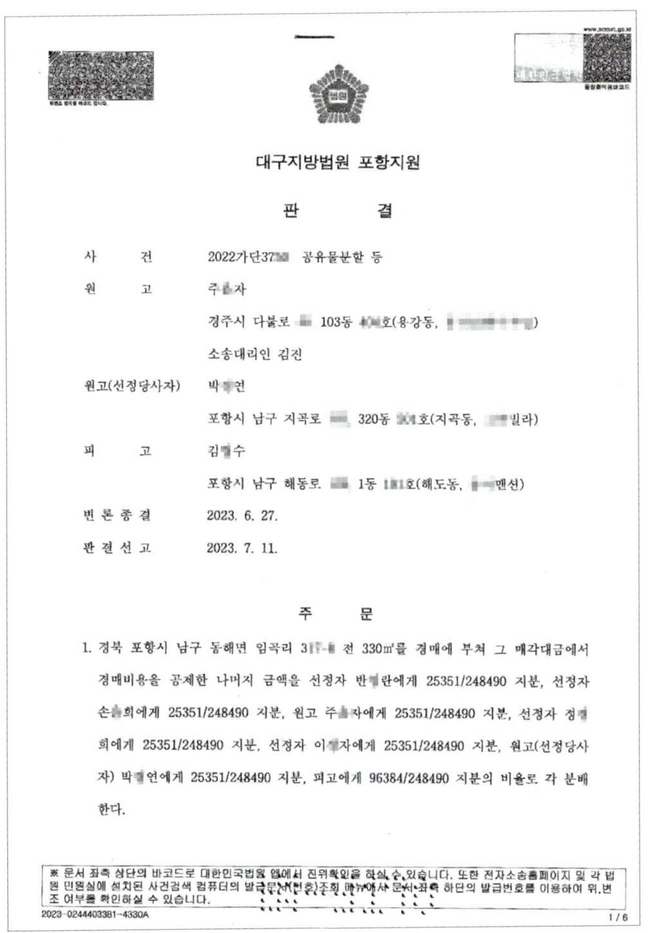

대구지방법원 포항지원

판   결

사   건   2022가단37■■ 공유물분할 등
원   고   주■자
               경주시 다불로 ■■ 103동 ■■■호(용강동, ■■■■■■)
               소송대리인 김진
원고(선정당사자)   박■현
               포항시 남구 지곡로 ■■ 320동 ■■호(지곡동, ■■빌라)
피   고   김■수
               포항시 남구 해동로 ■■ 1동 ■■■호(해도동, ■■맨션)
변 론 종 결   2023. 6. 27.
판 결 선 고   2023. 7. 11.

주   문

1. 경북 포항시 남구 동해면 임곡리 3■■-■ 전 330㎡를 경매에 부쳐 그 매각대금에서 경매비용을 공제한 나머지 금액을 선정자 반■란에게 25351/248490 지분, 선정자 손■희에게 25351/248490 지분, 원고 주■자에게 25351/248490 지분, 선정자 정■희에게 25351/248490 지분, 선정자 이■자에게 25351/248490 지분, 원고(선정당사자) 박■언에게 25351/248490 지분, 피고에게 96384/248490 지분의 비율로 각 분배한다.

1 / 6

출처 : 대한민국 법원 법원경매정보 사이트

5. 분묘기지권

분묘기지권은 남의 토지에 무덤을 쓴 사람이 관습법으로 인정되는 지상권과 유사한 권리입니다. 토지 주인이 분묘로 인해 자신의 토지를 마음대로 사용할 수 없습니다. 분묘기지권과 지상권은 존속 기간에서 차이가 있습니다. 법정지상권은 성립되면 30년이라는 기간이 있지만, 분묘는 존속 기간 제한이 없습니다.

1) 분묘기지권이 생기는 경우

첫 번째는 토지 주인의 허락을 받아 묘지 설치가 완료되면 분묘기지권이 성립됩니다. 대부분 특수관계인들 사이에 일어나는 일입니다. 친하다고 해서 나의 땅에 묘지를 설치하라고 하지 않을 것입니다.

두 번째는 토지 주인의 허락 없이 묘지를 사용하는 것입니다. 이 경우 원칙적으로는 분묘기지권이 성립하지 않습니다. 그러나 20년 동안 묘지가 무탈하게 있으면서 토지 주인이 이장을 요구하지 않으면 분묘기지권이 성립됩니다. 임야 소유자는 주의 깊게 관리해야 합니다. 어느 날 내 임야에 내가 모르는 묘지가 생길 수도 있습니다.

세 번째는 경매에서 대부분 등장하는 분묘기지권입니다. 토지 주인이 묘지가 있는 상태에서 토지 대출을 받아 근저당으로 인해 토지가 경매에 나가게 되어 토지 주인이 바뀌게 되면 토지에 있던 묘지는 분묘기지권이 발생합니다. 토지가 경매로 넘어가면 당연히 묘

경매 강사가 숨어서 읽는 이론서 

지에 대한 이장 특약은 존재하지 않습니다.

2) 분묘기지권을 낙찰받는 이유

분묘기지권이 성립하면 토지는 더 이상 토지주의 뜻대로 사용할 수 없습니다. 게다가 묘지의 주인을 찾아 이장을 요구하는 일도 쉽지 않습니다. 수십 년 동안 사용해온 묘지를 소유자가 바뀌었다고 해서 쉽게 옮겨주지 않기 때문입니다. 그렇다면 왜 이런 임야를 경매로 낙찰받는 것일까요?

첫 번째는 묘지가 있는 토지의 일부 지분만 경매에 나오는 경우입니다. 이런 경우는 낙찰자가 묘지 주인과 협의해서 매각하려고 합니다. 묘지가 있는 토지에 공유지분권자는 경매에 나오는 토지 소유자와 형제, 자매, 친인척, 부모 등 혈연관계일 경우가 많습니다. 묘지 또한 토지 소유자와 혈연관계일 경우가 많습니다. 그러니 낙찰자는 공유지분권자와 협의해 매입한 토지를 매각합니다. 만약 공유지분권자와 협의가 잘 진행되지 않아도 시세보다 저렴하게 매입했으니 공유물분할 소송을 통해 현금분할도 가능합니다.

두 번째는 묘지 부분을 제외하고 그 토지를 사용하기 위해서입니다. 묘지가 있는 토지는 감정평가 대비 유찰이 일어나기 쉽습니다. 저렴하게 토지를 낙찰받게 되면 묘지 부분을 제외하고 개발할 수 있습니다. 묘지는 3평 남짓에 불과하므로 그 부분을 그대로 놔두고 개발하면 토지를 활용해 수익을 극대화시킬수 있습니다.

만약 낙찰받으려는 토지에 묘지가 많이 존재하고 있더라도 사용 용도가 있다면 과감하게 입찰해 낙찰을 노려볼 만합니다. 입찰자만 부담스러운 것이 아니고, 모두 다 부담스럽기 때문에 당연히 낙찰금액은 저렴할 수밖에 없습니다.

묘지 부분을 제외하고 개발한 토지

출처 : 저자 제공

세 번째는 묘지를 이장시키기만 한다면 토지의 본래 가치가 좋은 자리입니다. 묘지로 인해 토지의 본래 가치에서 50% 이하로 거래가 되는 토지가 있습니다. 그럼 묘지를 이장하면 본래 가격을 받을 수가 있습니다. 묘지를 이장시키기 위해서는 먼저 묘지 주인과 협상을 진행합니다. 하지만 경매로 토지 소유권을 빼앗긴 묘지 주인들은 쉽게 협상에 응하지 않습니다. 그럼 토지 소유자로서 지료청구 소송을 진행합니다. 묘지에 대한 지료청구 소송은 토지 소유자

경매 강사가 숨어서 읽는 이론서

가 청구한 날부터 지료가 발생합니다. 분묘기지권자가 토지주에게 2년간 지료를 주지 않으면 분묘기지권은 소멸됩니다.

묘지 현황   묘지 이장

출처 : 저자 제공

3) 무연고 분묘 처리 방법

묘지가 있는 토지는 연고자를 먼저 확인해봐야 합니다. 묘지 소재지 관청에 묘지 설치허가관리대장, 묘적부 등 묘지 관련 공부를 열람하고, 묘지 소재지 인근 주민들에게 수소문하면 관리된 묘지는 주인을 알 수가 있습니다. 하지만 문제는 관리가 전혀 안 되어 있는 묘지입니다. 무연고자 묘지인데, 이럴 경우, 중앙일간신문 한 곳과 일간신문 한 곳, 총 두 곳에 2개월의 간격으로 2회 공고해야 합니다. 기간은 3~4개월 정도 소요됩니다. 공고 내용에는 묘지 위치, 개장 사유, 이장 후 안치할 장소와 기간. 공고자의 이름, 연락처 등을 기재합니다.

공고 후 아무에게도 연락이 없으면 묘지 소재지 관청에 개장허가 신청을 냅니다. 이때 분묘 사진과 연고자를 알 수 없음을 증명하는 공고 자료 등을 증빙 서류로 제출해야 합니다. 서류 제출 후 허가증이 나오면 분묘를 철저하고, 유골을 수습해 화장한 후 납골당에 10년간 안치해야 합니다. 모든 이장 절차 후 화장증명서와 봉안증명서를 관할 관청에 제출하면 됩니다.

Chapter 7

배당

　경매는 채권자가 채무자에게 돈을 받기 위한 절차입니다. 배당은 채무자의 부동산을 경매로 매각해 채권자들이 매각대금에서 자신의 순위에 따라 금액을 가져가는 것을 말합니다. 그런데 '경매로 매각되는데 낙찰자가 채권자들이 얼마를 받아가는지까지 알아야 하나?'라고 의문을 가질 수 있습니다. 그러나 채권자들의 배당을 제대로 확인하지 않으면, 낙찰자가 몇억 원씩 인수해야 하는 상황이 생길 수도 있습니다. 배당의 기본 원칙은 선순위 채권자에게 우선적으로 변제가 이루어지는 것입니다.

　하지만 선순위 채권자라고 해서 돈을 모두 돌려주는 것이 아니며, 등기부등본에 나오지 않는 채권자들도 있으니 항상 조심해야 합니다. 배당 시 물건으로 배당요구한 채권자와 채권으로 배당요구한 채권자는 차이가 있습니다. 두 권리가 함께 얽혀 있을 때는 성립

시기를 불문하고 물권을 우선으로 합니다. 물권은 경매 나오는 부동산에 특정되어 있는 것이고, 채권은 돈을 빌려간 채무자에게 특정할 수 있는 권리이기 때문입니다.

1. 흡수배당과 안분배당

1) 물권은 흡수배당

물권은 근저당권, 전세권, 담보가등기, 확정일자를 받아놓은 임차권등기, 우선변제권 등이 포함됩니다. 물권이 여러 개 존재할 경우, 우선순위는 등기부등본에 기재된 접수일자를 기준으로 정합니다. 우선순위가 먼저인 권리에 배당해수고 논이 남으면 후순위 권리에게 배당합니다. 배당 방식이 후순위 채권자의 배당 몫까지 흡수해 배당해준다고 해서 '흡수배당'이라고 합니다. 또는 순차적으로 배당한다고 해서 '순위배당'이라고도 합니다.

예시 | 선순위 근저당과 후순위 근저당이 있을 시 배당

순위	권리자	내용	권리금액	배당금액	설정일자
1	A은행	근저당권	5,000만 원	5,000만 원	2020. 2. 1.
2	B은행	근저당권	5,000만 원	3,000만 원	2020. 3. 1.
3	내일로	낙찰자	8,000만 원		

경매 강사가 숨어서 읽는 이론서

예를 들어, 경매에 나온 아파트에 2020년 2월 1일 A은행이 5,000만 원을 빌려주고 근저당을 잡았습니다. 2020년 3월 1일 B은행에서도 5,000만 원 근저당을 잡았습니다. 이후 내일로가 8,000만 원에 낙찰받았습니다. 이후 은행은 얼마씩 배당받게 될까요?

A은행 근저당이 선순위이며, 근저당권이기 때문에 우선변제권이 있습니다. 5,000만 원 전액 변제를 받습니다. B은행 역시 근저당이 5,000만 원이나 A은행이 5,000만 원을 변제받았기 때문에 낙찰금액 8,000만 원의 나머지 금액인 3,000만 원을 배당받게 됩니다. B은행은 2,000만 원을 손해 보게 되었네요.

2) 채권은 안분배당

채권은 우선변제권이 없습니다. 모든 채권 상호 간에는 평등의 원칙으로 성립 시기나 권원을 묻지 않고 평등하게 배당을 받습니다. 하지만 평등이라고 해서 똑같은 금액을 받는 것이 아니라 비율대로 공평하게 나누어 갖습니다. 안분배당의 수식은 아래와 같습니다.

$$\frac{\text{자신의 채권액}}{\text{총채권액}} \times \text{배당금원} = \text{안분배당 금액}$$

순위	권리자	내용	권리금액	배당금액	설정일자
1	오늘로	가압류	5,000만 원	2,500만 원	2020. 2. 1.
2	어제로	가압류	3,000만 원	1,500만 원	2020. 3. 1.
3	내일로	낙찰자	4,000만 원		

경매에 나온 아파트에 2020년 2월 1일 오늘로가 5,000만 원을 빌려주고 가압류를 잡았습니다. 2020년 3월 1일 어제로도 3,000만 원을 빌려주고 가압류를 잡았습니다. 이후 내일로가 4,000만 원에 낙찰받았습니다. 이후 오늘로, 어제로는 얼마를 배당받게 될까요? 가압류권자는 우선변제권이 없습니다. 따라서 오늘로의 가압류는 안분배당을 해야 합니다. 수식에 넣어 계산해보겠습니다.

$$\frac{\text{오늘로 채권(5,000만 원)}}{\text{총채권액(5,000만 원+3,000만 원)}} \times \text{배당금원(4,000만 원)} = \text{2,500만 원}$$

오늘로는 2,500만 원을 배당받게 됩니다. 낙찰금액이 4,000만 원이니 어제로는 나머지 금액 1,500만 원을 배당받게 됩니다. 결국 오늘로도 2,500만 원 손해를 보고, 어제로도 1,500만 원 손해를 보게 되는 셈입니다.

3) 물권과 채권이 혼재되어 있을 때

물권과 채권이 혼재되어 있으면 물권을 우선으로 해서 배당합니다. 채권이 선순위면 채권은 안분배당으로 진행됩니다.

예시 1 | 선순위 근저당이고 후순위 가압류일 경우

순위	권리자	내용	권리금액	배당금액	설정일자
1	A은행	근저당권	5,000만 원	5,000만 원	2020. 2. 1.
2	오늘로	가압류	5,000만 원	3,000만 원	2020. 3. 1.
3	내일로	낙찰자	8,000만 원		

경매에 나온 아파트에 2020년 2월 1일 A은행에서 5,000만 원을 빌려주고 근저당을 잡았습니다. 2020년 3월 1일 오늘로가 5,000만 원 가압류를 잡았습니다. 이후 내일로가 8,000만 원에 낙찰받았습니다. 이후 얼마씩 배당받게 될까요?

A은행 근저당이 선순위이며 근저당권이기 때문에 우선변제권이 있습니다. A은행은 5,000만 원 전액 변제를 받습니다. 낙찰금액 8,000만 원에서 남은 3,000만 원은 오늘로가 배당받게 됩니다. 따라서 오늘로는 2,000만 원을 손해 보게 됩니다.

순위	권리자	내용	권리금액	배당금액	설정일자
1	오늘로	가압류	5,000만 원	4,000만 원	2020. 2. 1.
2	A은행	근저당권	5,000만 원	4,000만 원	2020. 3. 1.
3	내일로	낙찰자	8,000만 원		

경매에 나온 아파트에 2020년 2월 1일 오늘로가 5,000만 원 가압류를 잡았습니다. 2020년 3월 1일 A은행에서 5,000만 원을 빌려주고 근저당을 잡았습니다. 이후 내일로가 8,000만 원에 낙찰받았습니다. 이후 얼마씩 배당받게 될까요?

가압류권자는 우선변제권이 없습니다. 오늘로의 가압류는 안분배당을 해야 합니다. 수식에 넣어 계산해보겠습니다.

$$\frac{\text{오늘로 채권(5,000만 원)}}{\text{총채권액(5,000만 원+5,000만 원)}} \times \text{배당금원(8,000만 원)} = \text{4,000만 원}$$

오늘로는 안분배당으로 4,000만 원을 배당받습니다. 낙찰금액이 8,000만 원이므로 A은행도 4,000만 원을 배당받게 됩니다. 결국 오늘로와 A은행은 각각 1,000만 원씩 손해를 보게 됩니다.

예시 3 | 권리가 아주 많을 경우

순위	권리자	내용	권리금액	배당금액	설정일자
1	A은행	근저당권	5,000만 원	5,000만 원	2020. 2. 1.
2	오늘로	가압류	5,000만 원	4,250만 원	2020. 3. 1.
3	어제로	가압류	3,000만 원	2,550만 원	2020. 4. 1.
4	B은행	근저당권	3,000만 원	3,000만 원	2020. 5. 1.
5	그제로	가압류	3,000만 원	2,100만 원	2020. 6. 1.
6	내일로	낙찰자	1억 6,900만 원		

경매에 나온 아파트에 2020년 2월 1일 A은행에서 5,000만 원을 빌려주고 근저당을 잡았습니다. 2020년 3월 1일 오늘로가 5,000만 원 가압류를 잡았습니다. 2020년 4월 1일 어제로가 5,000만 원 가압류를 잡았습니다. 2020년 5월 1일 B은행에서 3,000만 원을 빌려주고 근저당을 잡았습니다. 2020년 6월 1일 그제로가 3,000만 원 가압류를 잡았습니다. 이후 내일로가 1억 6,900만 원에 낙찰받았습니다. 이후 얼마씩 배당받게 될까요?

많은 권리가 얽혀 있지만 하나하나 풀어가면 됩니다. 먼저, A은행 근저당이 선순위이므로 우선변제권이 있습니다. 5,000만 원 전액 변제를 받습니다. 낙찰금액이 1억 6,900만 원이니 A은행에서 배당받은 5,000만 원을 빼면 남은 배당액은 1억 1,900만 원입니다.

오늘로의 가압류는 안분배당을 해야 합니다. 수식에 넣어 계산 해보겠습니다.

$$\frac{\text{오늘로 채권(5,000만 원)}}{\text{총채권액(5,000만 원+3,000만 원+3,000만 원+3,000만 원)}} \times \text{배당금원(1억 1,900만 원)}$$
$$= 4,250\text{만 원}$$

오늘로가 4,250만 원을 안분배당을 받습니다. 배당금 1억 1,900만 원에서 오늘로의 몫 4,250만 원을 빼면 7,650만 원이 남습니다.

어세로도 가압류를 했으니 안분배당을 해야 합니다. 수식에 넣어보겠습니다.

$$\frac{\text{어제로 채권(3,000만 원)}}{\text{총채권액(3,000만 원+3,000만 원+3,000만 원)}} \times \text{배당금원(7,650만 원)}$$
$$= 2,550\text{만 원}$$

어제로가 2,550만 원 안분배당을 받습니다. 배당금 7,650만 원에서 어제로의 배당금원을 빼니 5,100만 원이 남았습니다.

B은행 근저당은 우선변제권이 있으므로, 남은 5,100만 원 중 3,000만 원을 전액 배당받습니다. 따라서 남은 금액은 2,100만 원입니다. 마지막으로 순위에 따라 그제로가 2,100만 원을 배당받으면서 배당은 종결됩니다.

복잡해 보이더라도 순서대로 배당액을 계산하면 누가 얼마큼 받아갈 수 있는지 알 수 있습니다.

2. 배당 순위

배당표 작성 시 등기부등본에 기재된 권리 외에도 먼저 배당을 받는 권리들이 있습니다.

1) 1순위 - 집행비용

부동산 경매가 진행되기 위해서는 채권자 중 1명이 경매 집행비용을 예납해야 합니다. 등록세, 송달료, 인지대 등이 있는데, 예납한 경매 신청 채권자에게 가장 먼저 배당해줍니다.

> **민사집행법**
> **제53조 제1항**
> ① 강제집행에 필요한 비용은 채무자가 부담하고 그 집행에 의하여 우선적으로 변상을 받는다.

2) 2순위 - 필요비, 유익비

필요비는 부동산을 유지 보수하는 데 필요한 유지비 및 수리비용을 뜻합니다. 주택의 경우 수도설비나 전기시설, 보일러 등 설치가 필요비에 해당하고, 필요비로 지출된 경우 임차인은 필요비로 지출한 비용 전액을 임대인에게 청구할 수 있으며, 필요비는 보존에 관한 비용으로 임대인에게 수선의무가 있습니다. 하지만 월세 임차인의 경우에 해당하며, 전세권자는 전세 부동산에 대해 수선·유지 등 관리의무가 있습니다. 따라서 전세권자는 필요비에 관한 수선비를 임대인에게 청구할 수 없습니다.

유익비는 필요비는 아니지만, 물건을 개량해 가치를 증가시키는 데 도움이 되는 비용을 뜻합니다. 예를 들어, 임차하는 주택 베란다 새시에 누수가 일어나 새시 교체를 했습니다. 임차한 상가의 진입도로가 불편해 포장비를 지출한 경우도 유익비에 해당합니다. 유익비의 경우에도 임차인이 임대인에게 청구할 수 있습니다. 필요비상환청구권은 지출 즉시 발생하나 유익비상환청구권은 임대차종료 시에 발생합니다. 경매 시 임대인에게 청구할 수 있는 비용이기 때문에 배당을 먼저 받을 수 있는 부분입니다.

민법
제626조(임차인의 상환청구권)
① 임차인이 임차물의 보존에 관한 필요비를 지출한 때에는 임대인에 대하여 그 상환을 청구할 수 있다.
② 임차인이 유익비를 지출한 경우에는 임대인은 임대차종료시에 그 가액의 증가

가 현존한 때에 한하여 임차인의 지출한 금액이나 그 증가액을 상환하여야 한다.
이 경우에 법원은 임대인의 청구에 의하여 상당한 상환기간을 허여할 수 있다.

제367조(제삼취득자의 비용상환청구권)
저당물의 제삼취득자가 그 부동산의 보존, 개량을 위하여 필요비 또는 유익비를
지출한 때에는 제203조 제1항, 제2항의 규정에 의하여 저당물의 경매 대가에서
우선상환을 받을 수 있다.

3) 3순위 - 주택·상가 소액임차인과 임금채권

소액임차보증금은 앞에서도 이야기했듯이 최우선변제금입니다.
소액임차보증금은 일정 부분을 최우선해서 돌려받을 수 있습니다.
근로자의 임금채권은 최종 3개월 분의 임금과 3년간의 퇴직금, 그
리고 재해보상금입니다. 임금채권과 소액임차보증금의 최우선변
제금은 같은 순위로, 채권액에 비례해 안분배당을 받습니다. 임금
채권의 특징은 배당 시 소액임차보증금과 달리 배당금액에서 한도
가 정해져 있지 않다는 점입니다. 소액임차보증금의 최우선변제금
은 주택 매각 후 배당금은 1/2 이상 넘어갈 수가 없습니다.

3개월 치 임금채권은 근로자가 퇴직한 날 또는 사실상 근로관계
가 종료된 날부터 소급해 3개월간의 근로로 인해 지급 사유가 발생
된 일체 임금을 말합니다. 이때 임금은 기본급만이 아니라 초과근
무수당, 연차유급휴가 미사용수당, 정기상여금, 명절수당 등을 포
함하는 일체 금원입니다. 3년간의 퇴직금은 계속 근로연수 1년에
대해 30일 분의 평균임금으로 계산합니다. 3년이니 평균 월급에 곱
하기 3을 하면 퇴직금이 나옵니다.

4) 4순위 - 당해세

당해세는 당해 부동산에 부과된 세금 중 우선으로 변제되어야 하는 것을 의미합니다. 크게 국세와 지방세로 나눌 수 있습니다. 국세는 상속세, 증여세, 종합부동산세가 있고, 지방세는 재산세, 자동차세, 지역자원시설세, 지방교육세가 있습니다.

당해세는 등기부등본에 얼마인지 표시가 되지 않고 법정기일도 따지지 않은 채 먼저 배당을 받기 때문에 낙찰자가 곤란한 경우가 많았습니다. 대항력 있는 임차인보다 먼저 배당을 받아가니 낙찰받은 해당 부당산에 당해세가 많으면 낙찰자가 임차인 보증금을 떠안을 위험이 있었습니다.

그러나 2023년 4월 1일부터 당해세의 원칙이 바뀌었습니다. 임차인 대항력 요건을 갖추고 확정일자보다 법정기일이 늦은 당해세, 전세계약 후 확정일자를 받았고 대항력이 유지되는 경우 법정기일이 늦은 당해세, 선순위전세권이 설정된 주택에서 법정기일이 늦은 당해세는 후순위로서 우선배당받을 수 없습니다. 부동산이 경매로 매각되면 임차인의 보증금을 보호하기 위해 법이 개정되었습니다.

> **임차인 보호를 위한 국세 우선의 원칙 예외 신설 등 35조**
> 경매·공매 시 해당 재산에 부과된 상속세, 증여세 및 종합부동산세의 법정기일이 임차인의 확정일자보다 늦은 경우 그 배분 예정액에 한해 주택임차보증금에 먼저 배분할 수 있도록 하고, 임대인 변경 시 종전 임대인에게 각 권리보다 앞서는 국세 체납이 있었던 경우에 한해서만 그 한도금액 내에서 변경된 임대인의 체납 국세를 우선 징수하되, 해당 주택에 부과된 종합부동산세에 대해서는 그 한도금액과 상관없이 적용하도록 함.

국세기본법

제35조 7항

⑦ 제3항에도 불구하고 '주택임대차보호법' 제3조의2제2항에 따라 대항요건과 확정일자를 갖춘 임차권에 의하여 담보된 임대차보증금반환채권 또는 같은 법 제2조에 따른 주거용 건물에 설정된 전세권에 의하여 담보된 채권(이하 이 항에서 '임대차보증금반환채권 등'이라 한다)은 해당 임차권 또는 전세권이 설정된 재산이 국세의 강제징수 또는 경매 절차 등을 통하여 매각되어 그 매각금액에서 국세를 징수하는 경우 그 확정일자 또는 설정일보다 법정기일이 늦은 해당 재산에 대하여 부과된 상속세, 증여세 및 종합부동산세의 우선 징수 순서에 대신하여 변제될 수 있다. 이 경우 대신 변제되는 금액은 우선 징수할 수 있었던 해당 재산에 대하여 부과된 상속세, 증여세 및 종합부동산세의 징수액에 한정하며, 임대차보증금반환채권 등보다 우선 변제되는 저당권 등의 변제액과 제3항에 따라 해당 재산에 대하여 부과된 상속세, 증여세 및 종합부동산세를 우선 징수하는 경우에 배분받을 수 있었던 임대차보증금반환채권 등의 변제액에는 영향을 미치지 아니한다.

5) 순위 - 조세

조세는 국가 또는 지방 공공 단체가 필요한 경비를 마련하기 위해 국민이나 주민으로부터 강제로 거두는 금전입니다. 세금은 부과하는 주체에 따라 중앙 정부의 조세인 국세와 지방 정부의 조세인 지방세로 나눕니다. 국세는 국민 전체의 이익과 관련된 사업의 경비를 마련하기 위해 정부가 부과하는 세금이고, 지방세는 지방 자치단체가 지역의 살림을 꾸려가기 위해 지역 주민들에게 부과하는 세금입니다.

세금은 세금을 납부하는 사람(납세자)과 실제로 부담하는 사람(담세자)이 같은지에 따라 직접세와 간접세로 분류합니다. 노동 활동을 통해 소득을 얻은 사람이 내는 소득세나 사업 활동을 통해 소득을 번 법인이 내는 법인세, 재산을 상속이나 증여받은 사람이 내는 상속·증여세 등은 직접세입니다. 반면, 우리가 사는 물건에 포함된 부가가치세나 특별소비세 등과 같은 세금은 물건을 판 기업이 세금을 내지만 세금을 부담하고 있는 사람은 물건을 구입한 사람으로, 납세자와 담세자가 일치하지 않는 간접세입니다.

조세는 압류일 기준이 아니라 법정기일 기준으로 배당합니다. 현재 당해세 기준처럼 임차인 전입과 확정일자를 비교해 순서대로 배당합니다. 대항력 있는 임차인이 배당 조건을 갖추고 있으면 조세 채권의 법정기일을 꼭 검토하시기 바랍니다.

6) 기타

근저당 순위보다 후순위이지만 국민건강보험료, 고용보험료, 산업재해보험료, 국민연금보험료와 같은 공과금은 배당 시 반드시 확인해야 합니다. 세금은 법정기일을 기준으로 하지만, 공과금은 압류일이 아니라 납부기한을 기준으로 임차인의 전입일과 확정일자와 비교해 순위를 정해 배당합니다. 따라서 임차인 확정일자 이후에 발생한 공과금은 소멸됩니다.

공과금 납부 기한으로 1순위 배당

채 권 자		국민건강보험공단 달성고령지사	주택도시보증공사	
채권금액	원 금	1,147,360	125,000,000	
	이 자	0	0	
	비 용	0	0	
	계	1,147,360	125,000,000	
배 당 순 위		1	2	
이 유		교부권자(공과금) [납부기한 2018.12.10.~2019.7.10.분]	확정일자부임차인의 승계인	
채 권 최 고 액		0	0	
배 당 액		**1,147,360**	**122,881,171**	
잔 여 액		122,881,171	0	
배 당 비 율		100 %	98.3 %	
공 탁 번 호 (공 탁 일)		금제 호 (. .)	금제 호 (. .)	

2025. 1. 31.

사법보좌관   김 수

출처 : 저자 제공

Tip 배당요구 시 알아야 할 사항

① 배당요구를 한 채권자는 언제든지 철회할 수 있습니다. 하지만 배당요구 종기일 이전에 철회해야 합니다. 종기일 이후에 철회하면 법원은 배당요구가 있는 것으로 간주하고 배당을 실시합니다.

② 배당하고 남는 경우가 있습니다. 이럴 때는 나머지 금액은 소유자에게 지급합니다.

③ 매수인이 입찰보증금을 넣고 잔금을 치르지 않았을 경우 보증금은 몰수하고 배당할 금액에 편입됩니다.

④ 소유자 및 채무자가 매각허가결정에 항고를 할 수 있습니다. 항고 시 매각대금에 1/10을 공탁해야 합니다. 즉시항고가 각하나 기각이 되면 보증금이 몰수당합니다. 몰수당한 보증금은 배당할 금액에 편입시킵니다.

⑤ 소유자 및 채무자 이외의 사람이 항고가 기각된 경우에는 항고인은 보증금으로 제공한 금액 가운데 항고를 한 날로부터 항고기각결정이 확정된 날까지의 매각대금에 대한 연 2할의 이율에 의한 금액을 배당할 금액에 포함시키고, 나머지는 항고인에게 반환됩니다.

Chapter 8

입찰과 낙찰, 그리고 명도

1. 입찰

경매에 관한 이론에 대해서 자세하게 알아봤으니 이제 경매에 나온 물건을 낙찰받으려면 관할 법원으로 가야 합니다. 법원에 가기 전에 준비물을 챙겨야 하는데, 본인, 대리인, 법인대표, 법인대표 대리인, 공동입찰일 경우 챙겨가야 될 준비물이 각각 다릅니다.

본인이 직접 입찰할 경우에는 신분증, 막도장, 입찰보증금을 준비하면 됩니다. 도장은 굳이 인감도장이 아니어도 괜찮습니다. 입찰보증금은 입찰하려는 부동산 최저가의 10%를 수표로 준비하면 됩니다. 수표는 입찰 전날에 준비하는 것이 좋습니다. 입찰일에 법원 근처 은행은 입찰 참여자 때문에 한참 기다릴 수도 있습니다. 대

리인이 입찰할 경우에는 대리인의 신분증, 대리인의 막도장, 매수자의 인감도장이 찍혀 있는 위임장, 매수자의 인감증명서 1부, 입찰보증금 수표를 준비해야 합니다. 위임장은 법원에 비치되어 있으나, 미리 작성해가는 것이 편리합니다. 대한민국 법원 법원경매정보 사이트(www.courtauction.go.kr)에 양식이 있으니 다운받아 작성하면 됩니다.

법인대표가 법인으로 입찰할 경우에는 법인대표 신분증, 법인 인감도장, 법인 등기부등본 1부, 입찰보증금 수표가 필요합니다. 대표자는 별도의 위임장이 필요 없고, 법인 등기부등본으로 대표임을 증명하면 됩니다. 법인 등기부등본에는 대표자의 인적사항이 적혀 있습니다. 법인대표가 아닌 제삼자가 대리로 입찰하는 경우에는 대리인의 신분증, 대리인의 막도장, 법인 인감도장이 찍혀 있는 위임장, 법인 등기부등본 1부, 법인 인감증명서 1부, 입찰보증금 수표가 필요합니다. 회사의 직원이 대리 입찰을 하러 왔다고 해도 법원에서는 알 수가 없기 때문에 무효 처리가 됩니다.

공동입찰일 경우에는 서류를 좀 더 작성해야 합니다. 입찰표는 당연히 작성해야 하고, 공동입찰 신고서와 공동입찰 목록을 작성해서 제출해야 합니다. 마찬가지로 대한민국 법원 법원경매정보 사이트에서 양식을 다운받아 작성하면 됩니다. 공동입찰자 목록에는 입찰자들의 지분을 정확히 표시해야 하며, 지분 표시가 없으면 모두 균등하게 나눈 것으로 봅니다. 입찰일에는 모든 공동입찰자가 참석하지 않아도 되며, 공동입찰자 중 한 사람이 대리인이 되거나 제삼자가 대리인으로 서류를 작성해도 아무런 문제가 되지 않습니다.

이때는 대리인의 신분증과 막도장, 공동입찰 신고서, 공동입찰자 목록, 공동입찰자들의 인감이 찍혀 있는 위임장, 인감증명서 1통, 입찰보증금 수표가 필요합니다. 공동입찰 신고서와 공동입찰 목록은 미리 작성해 인감도장으로 간인해야 합니다. 간인하는 이유는 중요한 서류들이 서로 이어져 있다는 것을 증명하기 위해서입니다. 앞 장의 뒷면을 접어 뒷장의 앞면과 만나게 도장을 찍습니다. 우리가 부동산을 거래할 때 공인중개사 사무실에서 매수자, 매도자가 가져가는 계약서에 겹쳐서 도장을 찍는 것을 '간인'이라고 합니다.

법정 대리인이 입찰할 경우, 법정 대리인은 법정 대리권을 가진 사람입니다. 미성년자, 금치산자, 한정치산자의 친권자나 후견인 등은 법정대리인을 증명하는 서류인 호적등본이나 주민등록등본을 첨부하

서류를 간인하는 모습

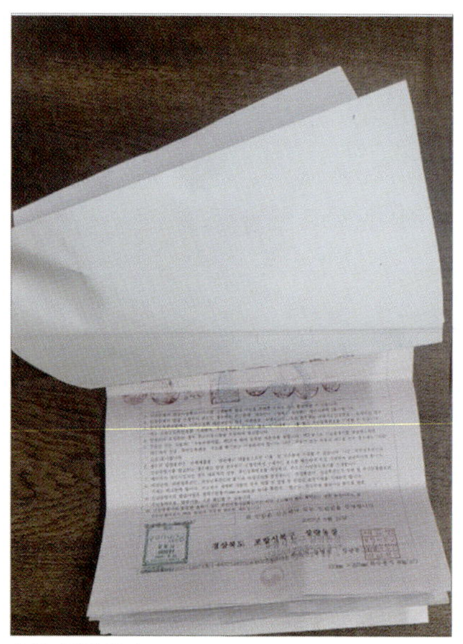

출처 : 저자 제공

경매 강사가 숨어서 읽는 이론서

니 위임장은 필요 없습니다. 법적 대리인 신분증과 막도장만 있으면 됩니다. 입찰보증금 수표는 반드시 준비해야 합니다.

1) 입찰봉투 작성법

경매 법정에 들어가면 앞쪽에 입찰봉투, 입찰보증금 봉투, 입찰표가 비치되어 있습니다. 먼저 입찰봉투 작성 방법을 살펴보겠습니다.

입찰봉투 앞의 ①로 표시된 빨간 박스를 보세요. 제출자 성명에 본인 입찰이면 본인 이름을 쓰고, 날인에는 막도장을 찍으면 됩니다. 대리인으로 제출 시에는 '본인' 란에 입찰 당사자의 이름을, '대리인' 란에 대리인의 이름을 쓰고, 날인에는 대리인의 막도장을 찍습니다. 본인 부분에 '외'가 있는데 공동으로 2명이 매입 시 'OO 외 1'을 적고 날인에 막도장을 찍으면 됩니다. 3명이면 'OO 외 2'로 적으면 되겠지요. ②로 표시된 빨간 박스에서 입찰자용 수취증은 입찰보증금, 입찰표까지 모두 작성한 뒤 입찰봉투에 넣어 제출하면 법원 집행관이 이 부분을 돌려줍니다. 잘 보관

입찰봉투 앞

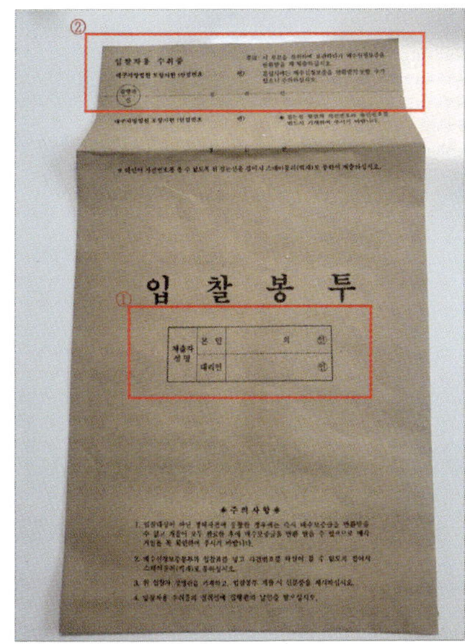

출처 : 저자 제공

했다가 낙찰되면 제출 후 영수증으로 교부받으면 되고, 패찰해도 다시 집행관에게 돌려줘야 합니다. 그렇게 해야 입찰보증금을 반환받을 수 있습니다.

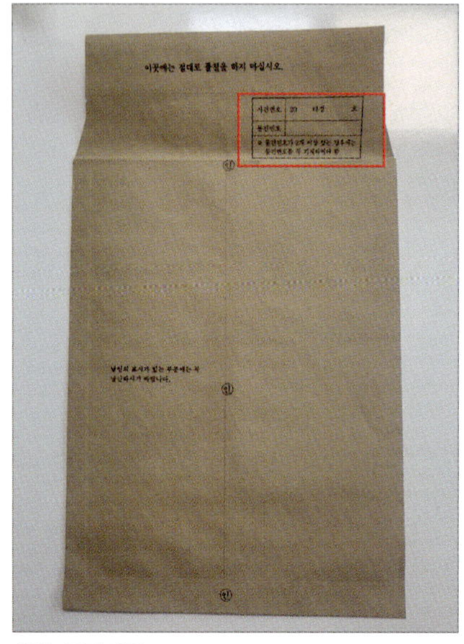

입찰봉투 뒤

출처 : 저자 제공

입찰봉투 뒤에는 사건 번호와 물건 번호가 있습니다. 입찰하는 부동산 경매 사건 번호를 적고 물건 번호가 없으면 비워두거나 '1'이라고 쓰면 됩니다. 같은 사건 번호에 여러 물건 번호가 있으면 물건 번호를 꼭 써야 합니다. 날인 란에는 본인이 입찰할 경우 본인의 막도장을, 대리인이 제출할 경우 대리인의 막도장을 찍으면 됩니다.

2) 입찰보증금 봉투 작성법

입찰보증금 봉투 앞면에도 사건 번호와 물건 번호를 기재하는 칸이 있습니다. 입찰봉투 뒷면에 쓴 것과 동일하게 작성하면 됩니다. 제출자 란에는 본인이 직접 입찰할 경우 본인 이름을, 대리인이 입찰할 경우 대리인 이름을 쓰고, 날인 란에는 막도장을 찍습니다. 입

경매 강사가 숨어서 읽는 이론서

찰보증금 봉투 뒷면에는 날인 부분만 있으므로 막도장만 찍으면 됩니다. 가장 중요한 것은 여기에 입찰보증금을 넣고 입찰봉투에 넣어야 한다는 점입니다. 실제 경매 현장에서는 입찰보증금을 봉투에 넣지 않고 제출하는 실수를 하는 경우가 종종 있으니 주의해야 합니다.

입찰보증금 봉투 앞

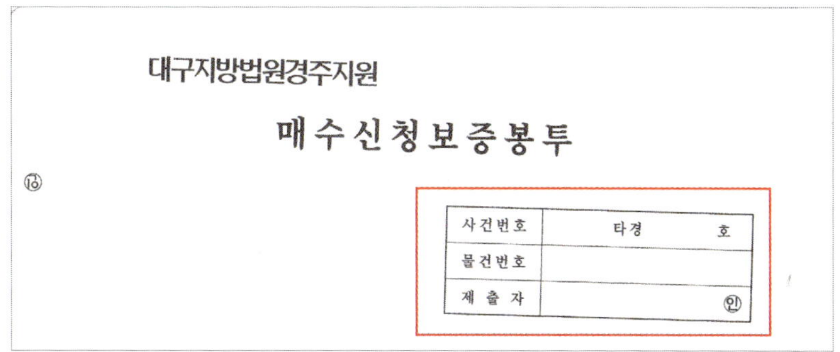

출처 : 대한민국 법원 법원경매정보 사이트

3) 입찰표 작성법

입찰표는 주의 깊게 작성해야 합니다. 실수로 입찰가격에 '0'을 하나 더 써서 원래 생각한 낙찰가액이 아닌 훨씬 큰 금액으로 낙찰되는 경우가 종종 있습니다. 또한 입찰가격을 쓰다 숫자를 덧대어 써서 애써 낙찰받고도 무효 처리가 되는 경우도 있습니다. 공동입찰일 경우에는 공동입찰 신고서와 공동입찰자 목록을 함께 써서 내야 해서 챙겨야 할 서류가 많습니다. 그러니 입찰장에서 쓰는 것보다 전날 미리 써서 입찰하는 것을 추천해드립니다.

이제 항목별 작성법을 하나씩 보겠습니다.

입찰표에 ①번으로 표시된 항목은 경매 집행법원의 명칭을 적는 곳입니다. 서울중앙법원, 대구지방법원 포항지원 등으로 관할 법원을 기재하면 됩니다. 입찰기일 란에는 입찰을 진행하는 날짜

입찰표 작성

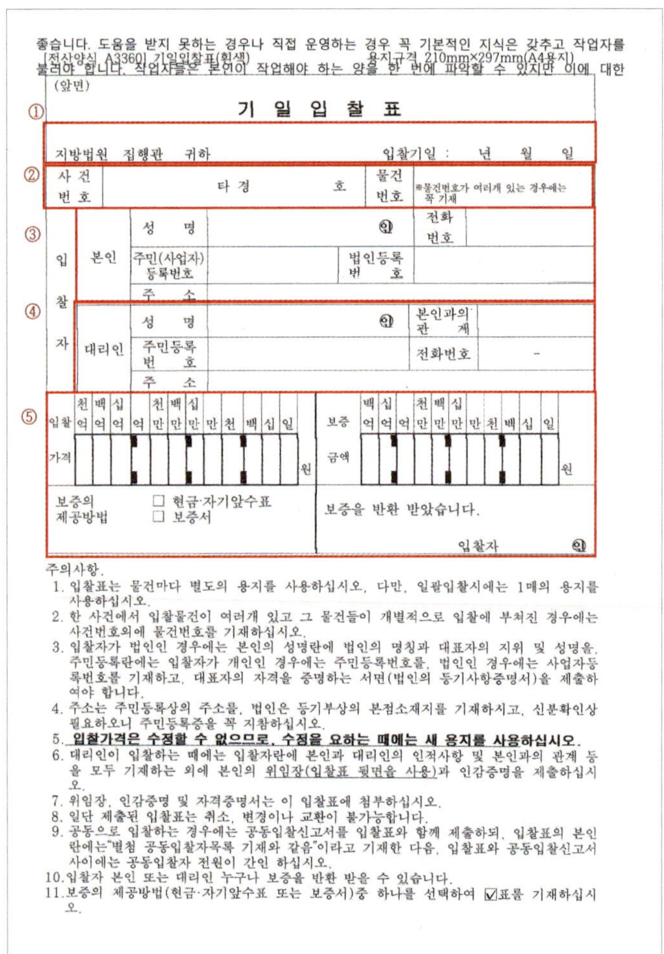

출처 : 대한민국 법원 법원경매정보 사이트

경매 강사가 숨어서 읽는 이론서

를 쓰면 됩니다.

②번 항목은 입찰하는 부동산 경매 사건 번호를 적고, 물건 번호가 없으면 안 적거나 1이라고 쓰면 됩니다. 물건 번호는 꼭 확인하고 써야 합니다.

③번 항목은 입찰자 본인의 개인정보를 씁니다. 성명, 전화번호, 주민등록번호, 주소를 쓰면 됩니다. 법인이 입찰 시에는 법인 명칭, 대표자 지위, 성명을 씁니다. 예를 들어, 이름 란에 '(주)우정개발 대표이사 조용범'과 같은 방식으로 쓰시면 됩니다. 대표자의 성명도 함께 꼭 써야 합니다. 공동입찰의 경우에는 입찰자들이 많아 일일이 기재하기 어렵기 때문에 이름 란에 '별첨 공동입찰자 목록 기재와 같음'이라고 쓰고 나머지 정보는 비워두세요.

④번 항목은 대리입찰을 할 때 대리인의 인적사항을 적는 곳입니다. 대리인 성명, 전화번호, 주민등록번호, 주소를 쓰면 됩니다.

⑤번 항목은 입찰가격을 작성합니다. 최저매각가격 이상을 기재해야 하며, 정확하게 아라비아 숫자로만 기재해야 합니다. 숫자를 쓸 때 덧대어 쓰거나 고쳐서 쓰면 안 되고 정확하게 숫자 표시를 해야 합니다. 아니면 무효 처리가 될 수 있습니다. 보증금액은 최저매각가격의 10%를 쓰시면 됩니다. 재매각 사건이 있으면 입찰보증금 비율이 달라져 최저매각가격의 20%, 30%일 수 있습니다. 입찰보증금을 입찰봉투에 넣을 때 초과되는 것은 상관없지만, 부족하면 무효 처리가 되니 반드시 확인한 후 입찰해야 합니다.

입찰가격 란 밑에는 보증 제공 방법이 있습니다. 현금 또는 수표를 보증금으로 내면 그 부분에 표시하고, 보험회사에서 발행한 보증보험 증권이면 보증서 란에 표시하면 됩니다. 보증금 반환 확인 서명 란에는 패찰 이후 보증금을 돌려받을 때 서명하고 날인하는 것이 원칙이지만, 경매 사건이 많다 보니 입찰표를 제출할 때 미리 서명하고 날인합니다. 미리 서명해도 상관없으니 걱정하지 않아도 됩니다.

4) 위임장 작성법

위임장은 대리입찰을 할 경우에 작성합니다. 법원 경매장에 양식이 비치되어 있습니다. 경매장에서 쓰는 것보다 미리 양식을 다운 받아 작성하는 것을 추천합니다. 대리인 란에는 대리인 인적사항을 적습니다. 성명, 주민등록번호, 전화번호, 주소를 적습니다. 그 아래에는 어떤 사건인지 사건 번호를 적습니다. 이후 입찰자들의 인적사항을 적습니다. 공동입찰일 경우에는 입찰자들의 인적사항을 전부 기재해야 합니다. 만약 공동입찰자가 3명이 넘으면 양식의 칸을 추가해 모두 작성하면 됩니다. 마지막으로 입찰자들의 성명 옆에 인감도장을 날인하고, 반드시 인감증명서를 첨부해야 합니다. 인감증명서를 넣지 않으면 무효 처리됩니다.

경매 강사가 숨어서 읽는 이론서 

위임장 작성

<h2>위　임　장</h2>

대	성　명		직　업	
리	주민등록번호		전화번호	
인	주　소			

위 사람을 대리인으로 정하고 다음 사항을 위임함.

다　음

대구지방법원 포항지원　　타경　　　　호 부동산

경매사건에 관한 입찰행위 일체

본	성　명	(인감인)	직　업	
인	주민등록번호		전화번호	
1	주　소			
본	성　명	(인감인)	직　업	
인	주민등록번호		전화번호	
2	주　소			
본	성　명	(인감인)	직　업	
인	주민등록번호		전화번호	
3	주　소			

※ 본인의 인감증명서 첨부
※ 본인이 법인인 경우에는 주민등록번호란에 사업자등록번호를 기재

대구지방법원 포항지원　　귀중

출처 : 대한민국 법원 법원경매정보 사이트

2. 낙찰

낙찰 시 가장 주의할 점은 수익입니다. 경매는 최고가를 쓰는 사람이 낙찰되므로 신중하게 써야 합니다. 낙찰가를 작성하기 전에 부동산 현장조사를 잘해야 합니다. 경매로 나온 물건이 어떤 장단점을 가지고 있는지 자세히 검토해야 합니다. 글로 잘 정리하는 것이 중요합니다.

현장조사

배한(경매스터디)

■ 대구 달성군 현풍 하나리움 퀸즈파크
2015. 04. 07 사용승인 11개동 908세대

▣ 기본 정보
현풍,구지는 대구시 달성군 계획구역 중 하나로 첨단산업단지 일자리 환경, R&D센터 및 연구개발 투자가 지속적으로 이루어지는 지역이라 경제 자생력이 있음.
본건 초중품아, 주변 대단지 아파트 포진, 기반시설 인프라 및 생활시설 인접, 교통 편리 (중부내륙 현풍,북현풍 ic 인접)

▣ 경매 정보 및 시세 파악
매물 29개 - 일괄 6월2일 입찰 (2차)

오후

배한(경매스터디)

본건 경매물건
108동 6층~23층 (17개)
83A 25평 남향
109동 1층~21층 (12개)
83A 25평 남향 / 84B 25평 남동향

해당 동 부동산 민간매물 시세
108동 4층 83A 남향 1.55억
109동 1층 83A 남향 1.2억, 1.4억
109동 21층 83A 남향 1.65억 (올수리)
109동 19층 83A 남향 1.55억 (도배만)
109동 22층 84B 남동향 1.75억 (노수리)

직전 6개월 실거래가 파악
83A 남향 1.4~1.65억
(최저가 기록 1.18억 1,3억)
84B 남동향 1.4~1.65억
(최저가 기록 1.45억)

109동 84B의 경우 남동향임에도 110동,111동 여타 84B와 달리 트인뷰라 가격대 좋다함. (109동 1,2호라인)
109동 1층102호 X (저층)
109동 7층,9층,10층,13층,19층,20층,21층 - 7개 매물 양호해 보임.
그 외 108동, 109동은 남향이라 저층 제외, 로얄층 고려하여 입찰물건 선정하면 될 것임.

▣ 조사 내용
본건 임대아파트 사용승인 5년 경과 후 민간 분양으로 대부분 시장 소화되었었고(2020년경) 기업 보유분 물건은 일반에 분양되지 않고 있다가, 보증금 미반환/부도 문제로 다수가 경매 개시됨. 현재 본건 아파트 온라인 등록 매물 수가 상당히 많은데, 대부분이 다수 공인중개사 중복 등록 매물로 확인됨. 상기와 같이 본건 해당동 민간매물도 21개 나와있는데 정리하면 실제 5개임.
문제는 추후 쏟아질 경매 물건 유무인데, 이미 경매 넘어간 물건들은 대부분 소화된 상태라 본건 매물들이 정리된다면 향후는 본건과 같이 다수 물건 경매는 없을 것으로 예측하고 있음.

예정 호재
대구 산업철도선 예정(본건 아파트 역세권 위치)
주변 종합병원 입점 예정
응급의료시설 입점 예정

고려사항
5월에 본건 아파트 찾는 사람이 너무 없고 경매 문의도 많이 오는편은 아니라함. 컨디션 좋은 물건 위주로 실수요 매매가 이루어지고 있어, 수익목적 빠른 회전을 위해서는 보수적, 급매 매도가 설정을 고려해야 할 것.
시장가 83A 1.4~5억 / 84B 1.5~6억 정도 생각하고 매도가 설정하면 될 것임.

출처 : 저자 제공

현장 시세조사를 마쳤으니 이제 얼마만큼의 수익을 낼 수 있을지를 계산해, 입찰서에 낙찰가를 작성합니다. 그러나 욕심을 부려 터무니없는 금액을 쓰면 낙찰 기회를 놓치고, 반대로 초조한 마음에 지나치게 높은 금액을 적으면 낙찰은 되더라도 수익은 나지 않습니다. 주변에서 이것을 지켜본 사람들은 '경매로 왜 저 가격에 받지?', '경매도 과열이 되어서 수익이 나지 않는 시장이구나', '난 그냥 오를 만한 거 일반 매입으로 사야겠다'라고 생각하고 영원히 경매장을 떠납니다. 10명이 경매장에 들어오면 7명은 이렇게 떠납니다. 우리가 경매 공부를 열심히 하는 이유는 남들이 외면하는 자리에서 수익이 큰 물건을 찾아내기 위해서입니다. 내가 입찰한 물건에 경쟁자가 많다는 것은 아직 초보적인 수준에서 벗어나지 못했다는 뜻이기도 합니다. 경매는 누구에게나 공평한 장입니다. 경매를 공부한 만큼 수익이 나게 되어 있습니다. 포기하지 말고 도전해보세요.

1) 최고가 매수인

입찰장에서 입찰 시간이 지나면 더 이상 입찰할 수 없습니다. 집행관은 입찰 마감 전에 미리 곧 입찰이 마감된다고 알려줍니다. 그리고 입찰함에서 입찰봉투를 다 꺼내서 사건 번호 순서대로 분류합니다. 이때, 내가 입찰할 물건에 몇 명이 참여했는지도 확인할 수 있습니다. 만약 입찰자가 많은데 입찰금액을 적게 썼다면 한숨을 내쉴 것이고, 입찰자가 없으면 입찰금액을 적게 썼더라도 속으로 쾌재를 외칠 것입니다. 20분 정도 지나면 집행관들이 대부분 입찰표 분류작업을 마무리합니다. 개찰이 진행되는 동안은 절대 자리를 비우지 말고 지켜보세요. 어떤 분은 입찰만 하고 집으로 돌아가는 경우가 있는데 무효 처리가 될 수 있습니다. 사건이 끝날 때까지 현장에서 벗어나면 안 됩니다.

이후 집행관이 사건마다 입찰한 사람들을 호명합니다. 그중 최고가 매수인이 얼마에 입찰했고, 누구라고 이야기합니다. 이때 최고가 매수인은 집행관 앞으로 가서 사건 번호가 적힌 종이에 서명하고, 입찰보증금 대신 낙찰 영수증을 교부받습니다. 입찰장에서 나오면 대출을 해준다는 대출 이모와 삼촌들이 달려와서 명함을 건네줍니다. 명함을 잘 챙겨놓으면 나중에 잔금을 낼 때 부동산 대출을 알아보기가 쉽습니다.

만약 농지를 낙찰받았다면 곧장 집으로 돌아가면 안 됩니다. 조금 기다렸다가 법원 경매 집행관 사무실로 가서 최고가 매수신고인 확인증을 발부받은 후 돌아가야 합니다. 최고가 매수신고인 확인증이 있어야 행정센터에서 농지취득 자격증명서 신청이 가능합니다.

입찰에서 떨어졌다면 입찰봉투를 제출할 때 집행관한테 받은 입찰자용 수취증과 신분증을 제시해야 입찰보증금을 돌려받을 수 있습니다. 가끔 최고가 입찰자가 2명이 되기도 합니다. 같은 금액을 쓴 사람이 있으면 현장에서 다시 추가 입찰을 해야 합니다. 이때 더 높은 금액을 쓴 사람이 최고가 매수인으로 지정됩니다. 다만 대리입찰의 경우 대리인이 현장에서 금액을 임의로 올려 쓸 수 없으므로 포기하는 사례도 발생합니다.

2) 차순위 매수신고인

최고가 매수신고인이 잔금을 납부하지 않으면 재매각으로 다시 경매를 진행해야 합니다. 이때 경비는 물론, 채권자들이 채권을 회수할 때 시간이 더 들어가게 됩니다. 이를 방지하기 위해 만든 제도가 차순위 매수신고인입니다. 차순위 매수신고를 하면, 최고가 매수신고인이 잔금을 모두 내거나 매각불허가결정이 되기 전까지 보증금을 반환받을 수 없습니다.

그럼에도 차순위 매수신고를 하는 이유는 최고가 매수인이 잔금 납부를 포기하면 차순위 매수신고인에게 잔금을 납부하고 소유권을 취득할 기회가 주어지기 때문입니다. 다만 이런 기회는 흔치 않습니다. 그리고 2등을 한다고 해서 누구나 다 차순위 신고를 하지는 못합니다. 차순위 매수신고의 단점은 입찰보증금과 함께 신고를 진행하기 때문에 낙찰자가 잔금을 낼 때까지 보증금이 법원에 묶여 있다는 점입니다. 입찰보증금이 묶여 있으면 다음 경매에 좋은 물건이 나와도 입찰하기가 쉽지 않습니다. 그러니 신중히 판단해 차순위 매수 신고를 해야 합니다.

차순위 매수신고는 단순히 2등을 했다고 누구나 할 수 있는 것이 아닙니다. 공식이 존재합니다.

예를 들면, 경매 사건 입찰보증금이 1,000만 원이고, 낙찰자가 1억 2,000만 원에 낙찰되었다면 1억 1,000만 원 이상으로 입찰가를 작성해야 차순위 매수신고를 할 수 있습니다. 차순위 매수신고는 2명 이상 동시에 할 수 없습니다. 따라서 이 기준 금액 이상을 써낸 입찰자들 중 가장 높은 금액을 쓴 사람만이 차순위 매수신고인이 될 수 있습니다.

차순위 매수신고는 입찰한 그 경매 사건이 끝나기 전에 신청해야 합니다. 집행관이 다음 사건으로 넘어가면 입찰한 경매 사건은 종료가 됩니다. 집행관이 최고가 매수인을 호명하고 만약 내가 최고가 매수인이 아니면 빠르게 판단해 차순위 매수 신청을 할지, 이번 경매 사건을 포기할지를 선택해야 합니다.

3) 공유자 우선매수

한 부동산에 여러 사람이 각각 지분을 가지고 있다가 그중 한 사람의 개인적인 문제로 그 사람 지분만큼이 경매에 나올 때 발생합니다. 공유자가 아닌 제삼자가 관련 지분을 낙찰받게 되면 나머지 지분권자들이 불편한 상황에 처할 수 있습니다. 이를 방지하기 위

경매 강사가 숨어서 읽는 이론서 

해 법원은 '공유자 우선매수 청구권'이라는 제도를 만들었습니다.

공유자 우선매수 청구권은 공유자가 원하는 가격에 매입하는 것이 아닙니다. 입찰 전에 공유자 우선매수를 사용하면 입찰자가 없을 경우 그날 경매에 나온 최저가에 가져가게 됩니다. 만약 입찰자가 있을 경우에는 최고가 매수인이 작성한 금액대로 가져와야 합니다. 법원은 공유자를 최고가 매수인으로 지정하고, 원래의 최고가 매수인은 차순위 매수신고인이 될 수 있습니다.

대부분 지분경매에 최고가 매수인이 나타나면 집행관들이 "공유자 우선매수 있습니까?"라고 물어봅니다. 이때 공유자가 "우선매수 신청합니다"라고 이야기하면 공유자가 최고가 매수인이 됩니다. 하지만 가끔 집행관들이 그냥 넘어갈 때가 있습니다. 그럴 때는 직접 "공유자 우선매수 신청하겠습니다"라고 이야기해야 합니다. '누군가가 말하겠지' 했다가 그냥 다음 사건으로 넘어갈 수 있으니 공유자인데 관련 지분 매수가 꼭 필요할 때는 머뭇거리지 말고 이야기해야 합니다.

이렇게 지분의 공유권자는 우선매수 청구권이 있어서 지분이 경매에 나왔을 경우 유리합니다. 이런 특징 때문에 입찰자들이 지분경매 참여를 꺼리는 경우가 많습니다. 이러한 법의 맹점을 이용해 우선매수를 청구해 다른 사람이 입찰할 수 없게 만듭니다. 이렇게 계속 우선매수를 청구하면 해당 사건은 반복적으로 유찰되어 최저매각가격이 매우 낮은 가격으로 형성됩니다. 그러면 채권자 채권회수에 방해가 됩니다. 이에 법원은 공유자가 우선매수 청구권을 행사할 수 있는 횟수를 단 1회로 제한했습니다.

일반 주택의 임차인은 원래 임차인 우선매수 청구권이 없었습니다. 임대주택을 5년 정도 임대한 후 우선분양을 받을 수 있는 권리를 가진 사람이 그 주택이 경매가 되면 임차인 우선매수 청구권을 행사할 수 있었습니다. 하지만 요즘 전세 임대차 미반환 사건이 많이 발생해 '전세사기 피해자 지원 및 주거 안정에 관한 특별법' 제20조에 따라 임차인도 우선매수신고를 할 수 있게 되었습니다.

4) 매각허가결정

경매 사건에서 최고가 매수신고인이 되면 법원은 일주일 동안 절차상에 문제가 없었는지, 최고가 매수인이 불허가 관련 사건에 중대한 문제가 발생해 불허가를 냈는지, 이해관계인들의 이의신청이 있는지 확인한 뒤 이상이 없으면 입찰일로부터 일주일 뒤에 매각허가결정을 냅니다.

경매 사건에 중대한 문제가 있으면 이 기간 동안 불허가 신청을 내야 법원에서 받아줍니다. 경매 사건에 중대한 문제가 있는데 그냥 넘어가게 되면 잔금을 미납해 보증금을 법원에서 돌려받지 못합니다. 매각허가결정 후 불허가를 받는 것은 요연한 일이지만, 천재지변으로 매수인의 책임이 아닌 사유로 부동산이 훼손되었을 때나

권리관계가 중간에 바뀌어 사실이 아니게 된 경우는 매각허가결정
과 매각허가확정이 나도 매각취소 신청이 가능합니다.

※ 매각불허가결정

출처 : 탱크옥션

최고가 매수인이 경매 입찰 전에 현황 조사를 했습니다. 하지만
낙찰을 받고 직접 현장에 방문해 2층에 들어갔을 때 건물이 확연하
게 많이 기운 것을 알 수 있었습니다. 이에 매각허가결정 전에 건

물이 기울었으니 재감정을 요구했고, 매각불허가신청을 받아 보증금을 돌려받았습니다.

※ 매각결정기일연기신청서

농지를 취득하게 되면 7일 안에 농지취득자격증명원을 법원에 제출해야 합니다. 이를 기한 내에 제출하지 못하면 보증금을 몰수당하게 됩니다. 최근 농지법이 강화되어 여러 사람이 공동으로 농지를 취득하게 되면 농지위원회의 심의 대상이 되기 때문에 농지취득자격증명을 기일 내에 내지 못하게 됩니다. 이럴 때 매각결정기일연기신청서를 제출하게 되면 법원에서 기일을 연기해줍니다.

매각결정기일 변경

12	38,582,000원	2022.09.16(16:00)	내금시급기한	후 구내 신한는행 납부		(2022.09.16)
		2022.06.20(10:00)	매각기일	제3호 법정	38,582,000원	변경
		2022.08.16(10:00)	매각기일	제3호 법정	38,582,000원	유찰
		2022.09.19(10:00)	매각기일	제3호 법정	27,007,000원	매각 (27,057,000원)
		2022.09.26(14:00)	매각결정기일	제3호 법정		변경
		2022.10.11(14:00)	매각결정기일	제3호 법정		

출처 : 탱크옥션

5) 매각허가확정

매각허가결정이 나고 일주일 안에 경매 사건에 대한 이해관계인들의 항고가 없으면 매각허가결정은 확정됩니다. 이해관계인인 채무자나 채권자가 매각허가가 확정되기 전에 항고할 수 있습니다.

그러나 법원에서 그냥 받아주지 않습니다. 매각대금의 10%를 항고 보증금으로 공탁해야 합니다. 법원에서 공탁 제도를 만들지 않았다면 채무자 측에서 경매 사건이 진행되지 못하게 악용하는 사례가 발생할 것입니다. 채무자가 항고했는데 그 사유가 정당하지 않으면 매각대금의 10%인 항고 보증금이 몰수될 수 있습니다. 채무자는 돈이 없어 부동산이 경매로 매각이 되는 상황인데, 항고 보증금을 내는 위험까지 감당할 수 없습니다. 그래서 채무자의 항고는 대체로 시간을 벌기 위한 수단으로 많이 이용됩니다.

6) 잔금 납부

매각허가확정이 나면 법원에서는 3일 안에 잔금 납부 기한을 정해 최고가 매수인에게 통지합니다. 잔금은 1개월 안에 전액을 납부해야 하며, 분납을 허용하지 않고 일시불로 제출하라고 합니다. 잔금 납부에도 순서가 있습니다.

먼저, 집으로 대금 지급 기한 통지서가 법원으로부터 날아옵니다. 대금 지급 기한 통지서와 신분증을 들고 관할 법원 경매계로 갑니다. 관련 문서를 보여주고 잔금을 낼 것이라고 말하면, 경매계에서 법원 보관금 납부 명령서를 발급해줍니다. 이 문서를 들고 법원 내 지정 은행(대부분 신한은행)으로 가서 창구에 비치된 법원 보관금 납부서를 작성한 뒤 잔금을 납부합니다. 납부 후 은행원은 법원 제출용과 본인 보관용, 두 장의 법원 보관금 납부 영수증을 줍니다.

그다음 경매계에 법원 제출용 영수증을 내고, 매각대금완납증명원을 작성해야 합니다. 이때 수입인지가 필요하므로 은행에서 구매 후 다시 경매계로 갑니다. 이제 매각대금완납증명원을 두 장 쓰세요. 낙찰대금 란에는 낙찰받은 금액을 전부 작성하면 됩니다. 매각대금완납증명원을 가지고 민사신청과로 가서 수입인지와 함께 매각대금완납증명원 두 장을 제출하면 접수 확인을 위한 도장을 찍어줍니다.

민사신청과에서 다시 경매계로 갑니다. 이때 민사신청과에서 도장을 찍어준 매각대금완납증명원과 은행에서 발부받은 법원 보관금 영수증을 제출합니다. 경매계에서는 증명직인을 찍고 매각대금완납증명원을 줍니다. 이제 구청에 방문해 취득세를 내고 법원에 신고하면 드디어 해당 부동산은 내 명의의 부동산이 됩니다.

다만 실제로는 대부분 낙찰자가 직접 소유권 이전 절차를 밟기보다, 은행대출을 이용하면서 은행에서 파견한 법무사가 대신 진행합니다.

3. 명도

낙찰받은 부동산을 소유권이전하기 전에 해야 할 것이 있습니다. 그 부동산을 사용하고 있는 세입자나 전 주인과 협의하는 것입니다. 부동산을 취득한 후 점유자들을 잘 퇴거시켜야 비용 발생을 줄일 수 있습니다. 협상이 실패하게 되면 강제집행을 진행해야 하고, 시간과 비용적으로 손해가 발생할 수 있습니다.

명도를 잘하려면 먼저 점유자를 잘 찾아야 합니다. '아니, 이게 무슨 말이야?'라고 할 수 있는데 점유자로 등재되어 있지 않은 사람이 그 집에 거주할 수 있습니다. 점유자의 지인이거나 제삼자일 때가 있습니다. 이사 날짜를 맞추려고 아무리 이야기를 해도 점유자가 아니니 시간 낭비일 뿐입니다. 또 좋은 의도 없이 점유자의 대리인이라고 나올 때도 있습니다. 저는 당사자가 아니면 협의를 진행하지 않으니 당사자가 나오라고 합니다. 제삼자와 이야기하는 것은 시간 낭비일 때가 많습니다. 하지만 가끔 도움이 되는 제삼자가 있습니다. 점유자가 막무가내일 때 점유자의 자녀나 부모에게 중재를 부탁하면 잘 안 되던 협의가 풀릴 때가 있습니다.

점유자 중 배당을 받아가는 임차인들이 있습니다. 배당을 일부 받아가는 임차인은 명도가 어렵지 않습니다. 임차인들이 배당을 받아가기 위해서는 낙찰자의 인감도장이 찍힌 명도확인서와 인감증명서를 법원에 제출해야 하기 때문에, 이사 날짜에 맞춰 이를 준다고 하면 대부분 배당일에 맞춰 이사합니다. 배당을 받고도 계속 점유하는 사람은 없습니다. 소유권 이전 후 배당일이 지나면 낙찰자가 점유자를 불법 점유자로 보고 부당이득분을 배당금에서 압류하기 때문입니다.

반면, 배당을 받지 않고 나가는 점유자는 명도 저항이 거셉니다. 일반적으로는 만나주지 않으려고 합니다. 그들도 점유하고 있는 집에서 나가는 것을 원치 않기 때문입니다. 하지만 계속 찾아가 만나게 되면 합의점에 도달하는 경우가 많습니다. 합의하기 전, 점유자들 대부분이 과한 요구를 합니다. 이사비를 많이 달라고 이야기하면서 점유 기간을 길게 달라고 합니다. 듣는 낙찰자 입장에서는 어처구니가 없습니다. 하지만 이럴 경우 딱 잘라 이야기하는 것이 좋습니다. '이사비를 요구하면서 점유 기간까지 길게 달라는 것은 말이 되지 않는다', '이사비가 과하니 정말 이사할 비용만 지불해주겠다' 등으로 합의를 진행하는 것이 좋습니다.

낙찰자가 이사비용을 제시했는데도 점유자와 협의가 안 될 때가 있습니다. 그럼 낙찰자는 부동산 소유권을 이전하면서 인도명령을 신청해야 합니다. 또한, 점유자와 협의한 후에도 인도명령을 신청해놓는 것이 좋습니다. 점유자가 다른 마음을 먹을 수도 있으니까요. 인도명령을 신청하면 점유자가 결정문을 받을 때까지 기다려야 합니다. 점유자가 결정문을 받으면 점유자도 '부동산을 인도해줘야 하는구나'라고 생각하게 되어 기세가 꺾이는 경우도 있습니다. 하지만 오히려 더 강하게 나오는 경우도 있습니다.

이제 칼을 빼 들어야 합니다. 법원에 점유자에 대한 강제집행을 실시해달라고 요청하면, 법원은 먼저 점유자에게 집행계고를 합니다. 며칠 몇 시에 집행을 한다는 문서를 부동산에 붙이고 강제로 개문합니다. 이때 대부분 점유자의 태도가 바뀝니다. '어? 내가 문을 잠그고 있어도 법원이 강제로 따고 들어오네'라고 생각하면서 협의하려고 합니다. 아무리 강한 점유자라도 95%는 여기서 포기하고 협의에 나섭니다. 나머지 5%만 끝까지 버팁니다. 그러면 집행계고에 적힌 일자에 강제집행을 실시합니다.

강제집행

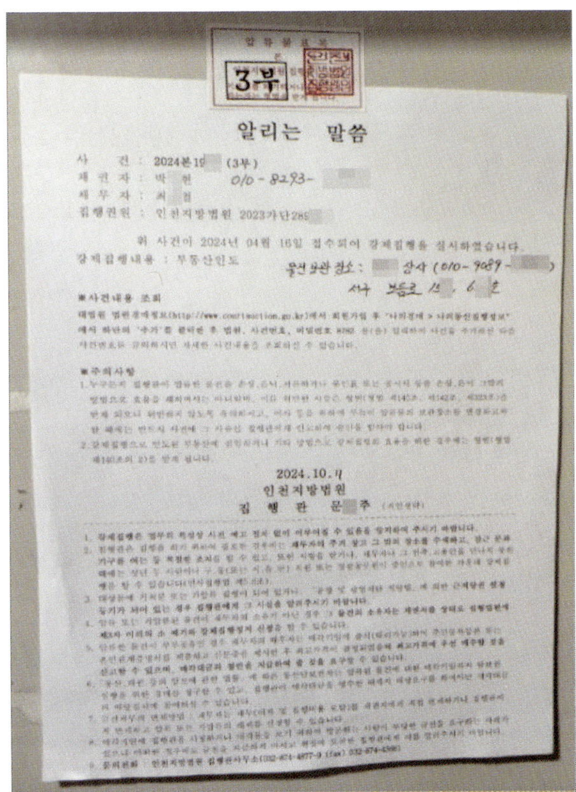

출처 : 저자 제공

Chapter 9

실전 사례

중요한 경매 이론은 다 배웠습니다. 이제 실전에 대입해봐야 합니다. 현재 여러분에게 필요한 것은 경매로 부동산에 접근할 용기입니다.

1. 소액으로 1,000만 원 벌기

소액으로도 충분히 돈을 벌 수 있습니다. 소도시에도 사람들이 많이 모여 살고 있습니다. 인구가 점점 늘어나는 도시들이 있고요. 우리는 인구를 이야기할 때 항상 대한민국 국민만 이야기하는 경향이 있습니다. 하지만 외국인들이 계속해서 들어올 수밖에 없는 지역을 선택해야 합니다. 대부분 제조단지 쪽에는 외국인들 인구

가 늘어나고 있습니다. 외국인도 주거, 음식, 의복 등 기본적인 것들을 다 필요로 합니다.

　물건을 검색하다 보니 경북 경주에 있는 한 아파트가 눈에 띕니다. 25평형 아파트가 감정가 58,000,000원으로 평가되었습니다. 금액이 너무 착하지요. 한 차례 유찰되어 40,600,000원으로 떨어졌습니다. 이후 누군가가 46,000,000원에 낙찰받았지만 잔금을 내지 않아 미납 처리되었습니다.

경매 정보

대지권	25.68㎡(7.768평) 토지별도등기있음	소유자	이○○	감정가	58,000,000
건물면적	59.84㎡(18.102평)	채무자	이○○	최저가	(70%) 40,600,000
개시결정	2022-07-15(임의경매)	채권자	현○○○○○○○	매각가	(70%) 40,600,000

간략보기 ▲　　오늘: 1　누적: 252　평균(2주): 0　차트

구분	매각기일	최저매각가격	결과
1차	2023-06-20	58,000,000	유찰
2차	2023-07-25	40,600,000	
	매각 46,000,000원 (79.31%) / 1명 - 미납		
3차	2023-10-31	40,600,000	

[전경도]　　[전경도]

출처 : 탱크옥션

　가격대도 저렴하지만, 이 아파트를 이용하는 고객층도 분석해야 합니다. 아파트가 어느 위치에 있는지 파악해보니 울산 현대차 공장과 가깝고, 그에 맞는 부품을 제조하는 협력업체들이 주변에 많이

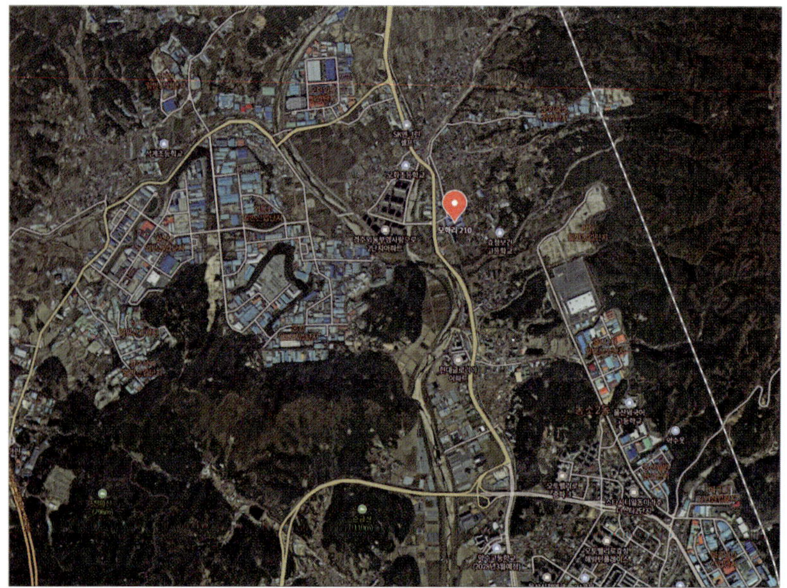

출처 : 네이버 지도

있었습니다. 저녁 시간에 현장에 가보니 외국인들이 많이 왔다 갔다 하고 있었고, 주변에 외국인들이 이용하는 식료품 상가가 많았습니다. 경매에 나온 매물은 층수도 좋았고, 앞에 가리는 건물이 없어 조망이 확 트여 있었습니다. 이제 경매 권리관계를 분석해봅니다.

임차인 ○○엠시트(주)는 2013년 12월 16일 전세권 65,000,000원에 경매 부동산 임차인으로 들어와 있습니다. 이후 집주인이 전세보증금을 돌려주지 않자, 2022년 7월 15일 임의경매를 신청했습니다. 전세권자는 전세권을 사용하지 않고, 맡겨놓은 임차보증금

경매 강사가 숨어서 읽는 이론서

권리관계

TANK 임차인 현황　　　말소기준일(소액) : 2013-12-16　　배당요구종기일 : 2022-09-19

점유목록 ?	임차인	점유부분/기간	전입/확정/배당	보증금/차임	대항력	분석	기타
1	▨▨겜시트 (주)	주거용 건물전부	전입:미상 확정:미상 배당:2022-07-14	보:65,000,000원	없음	전세권자로 순위배당 있음	선순위전세권등기자, 경매신청인

기타사항　　* ▨▨엠시트 주식회사 : ▨▨겜시트 주식회사는 전세권자로서 전세권설정등기일은 2013.12.16.이며, 본건 신청채권자임.

TANK 건물등기　　　(채권합계금액:65,000,000원)

순서	접수일 (접수번호) +	권리종류	권리자	채권금액	비고	소멸
갑(2)	2010-12-20	소유권이전	이▨련		매매 거래가액:44,000,000원	
을(7)	2013-12-16	전세권설정	▨엠시트(주)	65,000,000	말소기준등기 존속기간: 2013.12.13 ~ 2015.12.13 범위:전부	소멸
갑(3)	2014-02-27	압류	국민건강보험공단 (울산중부지사)			소멸
갑(4)	2022-07-15	임의경매	▨겜시트(주)	청구금액 65,000,000	2022타경1752	소멸

출처 : 탱크옥션

을 돌려달라고 한 것입니다. 낙찰자가 얼마에 경매를 받든 임차인이 받지 못하는 일부 보증금은 낙찰자가 임차인에게 돌려줄 필요가 없습니다. 권리분석상 아무런 문제가 없는 깨끗한 물건입니다.

또한, 매입하게 되면 충분히 50,000,000원 이상 매각이 될 것이라고 확신했습니다. 그래서 입찰가를 선정할 때 당시 아파트 시장이 좋지 않아 경쟁자가 없을 것으로 판단해 최저가 단독입찰을 하기로 정했습니다. 재매각 사건이라 입찰보증금의 20%인 8,120,000원을 은행에서 수표로 찾아 대구지방법원 경주지원으로 입찰 당일에 갔습니다. 하락장이라 입찰장에도 사람이 많이 없었습니다.

<h1 style="text-align:center">경매 낙찰</h1>

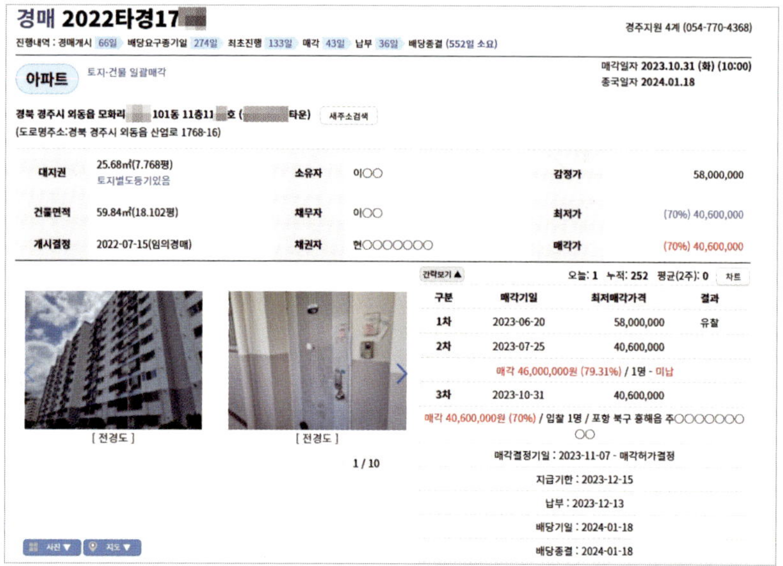

출처 : 탱크옥션

　예상대로 최저가 40,600,000원에 낙찰되었습니다. 이제 전세권 자인 ○○엠시트(주)에 연락을 취해야 합니다. 경매 사건 서류 열람을 하면 알 수도 있지만, 업체이기 때문에 네이버에 검색해보니 업체 대표 연락처가 있습니다. 바로 연결해 경매 사건 담당자와 연락을 하게 되었습니다. 집 안을 보고 싶다고 하니 담당자가 집이 비어 있다고 비밀번호를 건네주었습니다. 하루 만에 낙찰받고 명도까지 완료했습니다.

　다음 날 집의 비밀번호를 누르고 안으로 들어가자마자 깜짝 놀랐습니다. 부엌에 있어야 할 싱크대가 방 안에 있었습니다. 거기다

출처 : 저자 제공

싱크대 무늬가 아주 세련된 꽃무늬라 보자마자 '헉' 하는 소리가 절로 났습니다.

하지만 단점만 있는 것은 아니었습니다. 화장실은 리모델링이 되어 있었고, 처음 임장했을 때 기대했던 대로 거실에서 보이는 확 트인 조망이 정말 일품이었습니다.

출처 : 저자 제공

출처 : 저자 제공

이제 매각해야 합니다. 문제점을 고치고 매각할 것인지, 현 상태로 매각할 것인지 선택해야 합니다. 문제점을 고치면 시세보다 좀 더 받을 수 있을 것이고, 문제점을 고치지 않으면 시세보다 저렴하게 매각해야 합니다. 고민 끝에 그냥 시세보다 저렴하게 매각하기로 생각을 굳혔습니다. 시세보다 저렴하니 매수자가 금방 나타났습니다. 그래서 잔금일을 조금 더 당겨서 2023년 12월 13일에 잔금을 법원에 냈습니다. 이후 2023년 12월 15일 베트남 외국인에게 51,000,000원으로 매각했습니다.

이후 열흘 안에 잔금을 받았는데, 특이하게도 매수자가 잔금을 전부 현금으로 인출해와 직접 세어봐야 했습니다. 어쩔 수 없이 현금을 하나하나 확인한 뒤 매도 서류를 건네주었습니다. 이렇게 소유권 이전 후 단 이틀 만에 매각을 마무리하고, 열흘 만에 잔금을 모두 수령해 1,000만 원의 수익을 얻을 수 있었습니다. 경매를 잘 알면 이렇게 돈을 벌 수 있습니다.

아파트 매매 계약서

출처 : 저자 제공

현금 다발

출처 : 저자 제공

2. 경매로 수익형 상업시설 개발하기

우리는 흔히 월세가 나오는 건물을 매입하려면 큰 금액이 필요하다고 생각합니다. 하지만 실상은 그렇지 않습니다. 우리는 부동산 물건을 매입할 때 은행 돈으로 레버리지를 이용합니다. 매입 비용에서 10~20%만 내 돈을 투자하면 월세가 단단히 나오는 물건을 매입할 수 있습니다.

물건을 검색하다가 경남 진주시에 있는 모텔을 보게 되었습니다. 현황 사진을 봤을 때 모텔이 리모델링된 것 같았습니다. 토지 면적이 78평이고, 건물 면적이 156평입니다. 거기에다 토지가 각져서 실제 건물 평수보다 더 웅장해 보일 것이라는 느낌이 들었습니다. 감정가는 1,019,705,520원인데 유찰을 거듭하면서 417,671,000원까지 떨어졌습니다. 토지값보다도 낮은 금액에 토지와 건물을 함께 매입할 수 있는 기회라는 생각이 들어 현황 조사를 시작했습니다.

경매 정보

경매 2023타경3 진주지원 5계 (055-760-3255)

진행내역 : 경매개시 77일 배당요구종기일 93일 최초진행 161일 매각 32일 납부 45일 배당종결 (408일 소요)

숙박시설 토지·건물 일괄매각

매각일자 2023.12.28 (목) (10:00)
종국일자 2024.03.14

경상남도 진주시 상평동 새주소검색
(도로명주소:경남 진주시 솔밭로6번길)

토지면적	259.4㎡(78.469평)	소유자	오○○	감정가	1,019,705,520
건물면적	515.72㎡(156.005평)	채무자	오○○	최저가	(41%) 417,671,000
개시결정	2023-01-31(임의경매)	채권자	진○○○○○	매각가	

간략보기 ▲   오늘: 1 누적: 508 평균(2주): 0   차트

구분	매각기일	최저매각가격	결과
1차	2023-07-20	1,019,705,520	유찰
2차	2023-09-07	815,764,000	유찰
3차	2023-10-19	652,611,000	유찰
4차	2023-11-23	522,089,000	유찰
5차	2023-12-28	417,671,000	

[전경도] [관련사진] 본건 전경

출처 : 탱크옥션

물건 위치도를 확인해보니 모텔은 중소기업 공장이 몰려 있는 공단 한가운데 있었습니다. 근로자가 많은 만큼 출장 수요도 꾸준할 것으로 예상되었습니다. 실제로 인근 숙박업소의 매출을 조사해보니, 리모델링이 전혀 안 된 모텔도 1박에 40,000원, 월매출은 12,000,000원 이상을 기록하고 있었습니다. 평일 저녁 현장을 가보니 숙박업소에 공실이 거의 없을 정도로 수요가 많다는 것을 확인할 수 있었습니다.

입지와 수익성 모두 마음에 들었지만 한 가지 걸림돌이 있었습니다. 바로 리모델링 공사가 중단된 상태였다는 점입니다. 다행히도 방 안을 살펴본 결과, 화장실 리모델링은 이미 마무리된 상태에서 공사를 멈춘 것이 확인되었습니다.

물건지 위치도

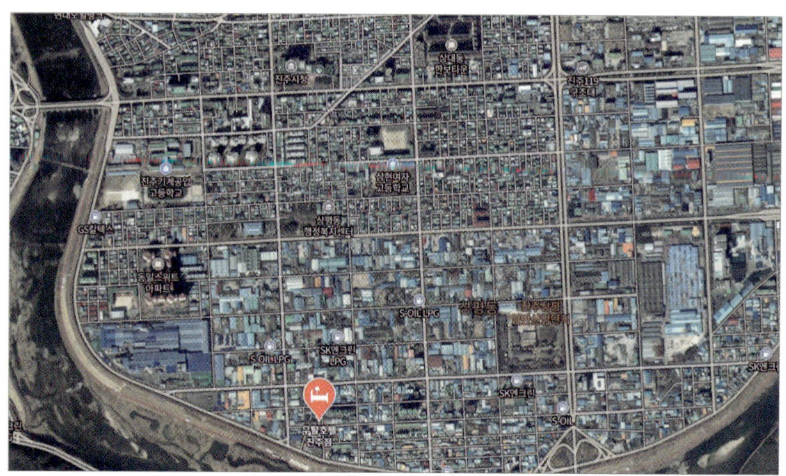

출처 : 네이버 지도

경매 강사가 숨어서 읽는 이론서

출처 : 네이버 지도

건물 내부

화장실 리모델링, 출처 : 저자 제공

현장을 파악했으니 이제 권리관계를 분석해야 합니다. 공사가 진행되다 중단이 되었으니 당연히 임차인은 없습니다. 건물등기를 보니 2020년 9월 24일 소유자 오○현 씨가 건물 지분 전부를 가져오면서 같은 날 진주동부농협에서 828,000,000원 근저당권설정을 했습니다. 말소기준권리가 근저당권이 되니 그 이하 권리는 소멸입니다. 낙찰자가 인수할 권리가 없습니다.

권리관계

순서	접수일 (접수번호) +	권리종류	권리자	채권금액	비고	소멸
갑(20)	2020-09-24	공유자전원지분전부이전	오■현		매매	
을(16)	2020-09-24	근저당권설정	진주동부농협 (진주동부농협상평지점)	828,000,000	말소기준등기	소멸
을(17)	2020-09-24	근저당권설정	최■근	65,000,000		소멸
갑(21)	2022-02-16	가압류	경남신용보증재단 (진주지점)	34,450,000	2022카단10200	소멸
갑(24)	2022-11-10	가압류	남해축협	273,383,432	2022카단650	소멸
갑(25)	2023-01-31	임의경매	진주동부농협	청구금액 704,807,401	2023타경377	소멸

(채권합계금액:1,200,833,432원)

출처 : 탱크옥션

이제 입찰가를 결정해야 합니다. 입찰일이 연말이고 공사를 진행해야 한다는 압박감이 존재하기 때문에 우리가 단독으로 낙찰받을 것이라는 것을 의심하지 않았습니다. 그래도 혹시 모르니 최저가에서 22,000원을 올려 쓰기로 했습니다. 최종 417,693,000원에 입찰했고 낙찰받게 되었습니다.

<h1 style="text-align:center">경매 낙찰</h1>

출처 : 탱크옥션

    이런 상업용 시설은 은행 돈을 이용하지 않으면 수익률이 높지 않습니다. 적극적으로 은행 돈을 레버리지로 이용하면 수익률은 극대화가 됩니다. 하지만 잔금을 치르기 전에 이 모텔의 공사비를 책정해야 합니다. 처음에는 보수공사에 1억 원이면 충분하리라 생각했습니다. 하지만 모텔 보일러의 노후화가 진행되어 보일러와 배관 교체 시공을 진행해야 했습니다. 물탱크, 새시, 집기류 등 보수공사 비용이 3억 원에 달한다는 견적이 나왔습니다. 하지만 고객이 만족할 만한 숙박시설이 되어야 했기에 소유권이전 후 진행하기로 했습니다.

출처 : 네이버 지도

  2024년 1월 29일, 소유권 이전을 진행하면서 낙찰가의 80%인 334,154,400원을 은행 대출로 마련했습니다. 대출이자는 약 5%로, 매달 140만 원 정도를 은행에 지불해야 했습니다. 이제 빠르게 수리를 진행합니다. 수리비용이 3억 원 정도 소요되기에 1억 원을 시설자금으로 대출합니다. 방 19개를 깔끔히 수리한 후 3개월 뒤에 오픈합니다. 오픈하자마자 월매출이 2,000만 원이라는 기염을 토해냈습니다. 지역 축제가 있는 달에는 매출 3,000만 원 이상 나옵니다. 낙찰가 4억 1,700만 원에 수리비가 3억 원이 들어가 매입비용은 총 7억 1,000만 원이었습니다.

여기서 4억 3,000만 원 정도 대출을 받았고, 월 170만 원 이자가 나갔습니다. 현금이 약 3억 원이 들어갔지만, 순이익이 월 1,000만 원 이상은 나오기 시작했습니다. 이제 장사가 잘되니 매각을 결정해야 합니다. 매각가는 12억 원 정도로 보고 있으며, 매각이 될 때까지 열심히 운영해나갈 생각입니다. 현금 3억 원을 들여 월 1,000만 원 이상 현금흐름을 만들며, 기대 매각수익은 5억 원입니다. 물건 하나를 잘 낙찰받으면 월수익 플러스 시세차익이 생깁니다.

경매 강사가 숨어서 읽는 이론서

제1판 1쇄 2025년 12월 22일

지은이 김진(내일로의 시작)
펴낸이 한성주
펴낸곳 ㈜두드림미디어
책임편집 최윤경
본문 일러스트 김재환
디자인 디자인 뜰채 apexmino@hanmail.net

㈜두드림미디어
등 록 2015년 3월 25일(제2022-000009호)
주 소 서울시 강서구 공항대로 219, 620호, 621호
전 화 02)333-3577
팩 스 02)6455-3477
이메일 dodreamedia@naver.com(원고 투고 및 출판 관련 문의)
카 페 https://cafe.naver.com/dodreamedia

ISBN 979-11-94223-99-3 (03320)

**책 내용에 관한 궁금증은 표지 앞날개에 있는 저자의 이메일이나
저자의 각종 SNS 연락처로 문의해주시길 바랍니다.**